DA LIVET BANKEDE PÅ

Hvordan min spirituelle rejse blev min redning og mit lys gennem en livskrise.

ANNE JEPPESEN

Den automatiserede analyse af værket med henblik på at opnå information især om mønstre, tendenser og sammenhænge ("tekst- og datamining") er forbudt.

Copyright © 2025 Anne Jeppesen

Redaktion: Anne Jeppesen
1. udgivelse.
annejeppesen.com
Forlag: BoD · Books on Demand, Strandvejen 100, 2900 Hellerup, Danmark. bod@bod.dk
Tryk: Libri Plureos GmbH, Friedensallee 273, 22763 Hamborg, Tyskland
ISBN: 978-87-7114-309-6

INDHOLD

Må du blive inspireret til at gå med det, der kalder på dig.

KAPITEL 1

DET SKER BARE IKKE DET HER

Jeg mærkede knuden i oktober 2021, men ventede lidt med at gøre noget. Jeg lænede mig ind i lige at se det lidt an, selvom jeg vidste, at det selvfølgelig skulle undersøges. Det var måske bare nogle hævede kirtler, tænkte jeg. Jeg ville lige holde øje med, om den blev mindre. Det gjorde den ikke. Der gik en måneds tid før jeg kontaktede hospitalet, og selv der bad jeg om en dato lidt ude i fremtiden af hensyn til arbejdsrelaterede møder og større familiebegivenheder. Jeg fornemmede nok i det ubevidste, at det ville række ind i mere end blot den halve time, som selve undersøgelsen ville tage.

Jeg havde gået til kontrol i næsten ti år på Rigshospitalet, da der var flere tilfælde af brystkræft i min familie. Min biologiske mor døde af kræft, da jeg var 10 år gammel. Det startede som brystkræft, som spredte sig til hjernen, og inden for et år var hun taget fra os.

Jeg havde længe levet med en indre forståelse af, at min risiko nok lå i den høje ende. Alligevel valgte jeg ikke at blive genetisk udredt. Jeg ønskede ikke at få sat tal og procenter på en mulig risiko – det harmonerede ikke med min måde at anskue livet på. Jeg var fuldt bevidst om, at jeg skulle være ekstra opmærksom. Mit kontrolforløb med årlig mammografi og ultralyd, som var baseret på en vurdering af familiehistorikken, understøttede netop den opmærksomhed. Det var min måde at tage ansvar på – i harmoni med min indre forståelse.

For mig var den årlige kontrol blevet lidt som at gå til tandlægen. Jeg havde vænnet mig til det normale i det, men blev alligevel altid glad når lægen sagde "Det ser fint ud". Da lægen denne gang sagde "Ja, der er noget, vi skal se på", så blev jeg ikke overrasket, men mærkede alligevel et skifte i mit indre. En urolig fornemmelse. Det uskyldige håb om, at det var en vandcyste, forsvandt. Jeg fulgte med på skærmen under ultralydsscanningen. Lægen viste mig, hvad hun så og forklarede, at knuden i brystet skulle undersøges nærmere. De ville tage en biopsi med det samme. Jeg husker ikke ordene men mere den fornemmelse, det satte i gang. Mens de sprittede mit bryst af og lagde et sterilt klæde over begyndte mit system at reagere. Der var noget, der skiftede karakter. Mine tårer pressede sig på, min hals snørede sig sammen og mit åndedræt skiftede tempo. Jeg åbnede op til, at det jeg vidste skulle ud muligvis havde en alvorlig karakter. En sød sygeplejerske hold mig i hånden og beroligede mig, mens de førte en stor kanyle ind. Jeg kunne mærke, hvordan noget bevægede sig inde i brystet, mens de tog prøven. Noget der rumsterede et sted, hvor der normalt ikke var nogen, der kunne røre, mens jeg trak vejret så dybt og roligt, som jeg kunne. Jeg ville få resultatet den 23. december til et fysisk møde på hospitalet. Jeg vidste, at knuden var der, så hvad skulle jeg nu tænke? Jeg var ikke bange.

2

Den skulle jo bare ud. Uanset hvad der var i den. Den skulle bare ud.

Nogle få dage efter havde jeg en opfølgning på et forløb hos en numerolog, som var startet for længe siden. Jeg overvejede nemlig at supplere mit navn med et mellemnavn og havde to navne, som jeg følte kunne passe til mig. Jeg havde altid været lidt tilbageholdende over for numerologi og idéen om at skifte navn, men jeg var nysgerrig. Og med den indgangsvinkel, jeg havde nu, synes jeg, at det var interessant at træde ind i med nysgerrighed. Den morgen skulle nogle navne afprøves gennem en dyb guidet meditation, hvor jeg skulle mærke ind i de forskellige navne. Til sidst i sessionen, ved det sidste navn, mærkede jeg en tydelig, markant åndelig tilstedeværelse. Sådan jeg plejer at opleve det, især når min biologiske mor er i det samme rum som jeg. Bevæget, varm, berørt. Kan også være andre sjæle, engle, guider eller en guddommelig energi, som er ved min side. Denne gang var det med meget stærkt lys. Tårerne trillede ned ad mine kinder. Da følelsen kom ved det sidste navn, blev det konkluderet, at det var dét, jeg reagerede bedst på. Men indeni vidste jeg, at det handlede om noget andet. Jeg vidste, at det var fordi, jeg havde åbnet så meget op, at de kunne nå mig den morgen. De ville vise mig, at de var ved min side. Jeg vidste, det handlede om støtte. Det havde intet med navnet at gøre.

Efter denne oplevelse tog jeg videre til bisættelse hos min ældste venindes far. Jeg havde ikke sagt noget til hende om knuden. Jeg ville ikke bekymre hende, som det var nu. Jeg mærkede, at morgenens oplevelse hos numerologen var med mig i kirkerummet på en varm måde. På grund af corona var der ingen, der krammede hinanden. Det føltes ekstra svært i et så sårbart møde.

Jeg var berørt over hans død. Han havde, ligesom sin datter, været en del af hele mit liv. Det var sørgeligt. Jeg bliver altid rørt i kirken. En bisættelse er trist og smuk på én gang – et spejl af kærlighed, savn og tab. Det var smukt i kirken, og der var en kærlig stemning til gravøllen. Det blev et varmt og fint farvel. Da jeg kørte hjem, mærkede jeg, hvor speciel dagen havde været, og hvor følelsesladet ugen havde været. Kærlig, overvældende, intens og en smule uvirkelig – alt på én gang.

Jeg havde valgt at arbejde hjemmefra i ugen op til jul på grund af den stigende coronasmitte. Officielt var det mest af hensyn til mine ældre forældre – min far og min "nye mor", som har været sammen med min far, siden jeg var 11 år, og som jeg i dag kalder mor. Jeg fornemmede dog, at jeg også skulle tage et hensyn til mig selv. Jeg havde jo en aftale med hospitalet den 23. december for at få resultatet af prøven, og jeg ville ikke risikere at blive smittet med corona inden da. Vores store familiejulefrokost 2. juledag blev også aflyst. Jeg aflyste den på grund af corona, hvilket gav god mening i vores store familie med mange berøringsflader. Alle var enige. Men jeg mærkede også en lettelse over det. Jeg fornemmede et behov for luft omkring mig.

Vores familiesommerhus har altid været et sted med særlig healing for sjælen. Jeg lånte derfor sommerhuset i juledagene og mærkede glæden ved at have det sted, hvor jeg vidste jeg kunne få ro og bare være det, jeg havde brug for at være. Jeg planlagde muligheden for at gå lidt i hi. Jeg lavede heller ikke planer for nytår. Jeg havde en fornemmelse af, at jeg havde bedst af ikke at være forpligtet til noget. Jeg gik ikke rundt og var ked af det, men jeg kan se nu, hvordan jeg gennem et stykke tid havde truffet beslutninger og prioriteringer, som pegede hen i det min krop og mit indre allerede vidste. Set i bakspejlet var der meget, jeg satte lidt på hold. Jeg blev guidet til at passe på mig selv og traf valg, som skabte ro omkring mig. Jeg skabte plads til at modtage beskeden.

Dagene nærmede sig mødet på hospitalet lillejuleaftensdag. Der var lidt julehygge-aftaler i dagene op til, men det hele foregik i et roligt tempo. Ikke mindst fordi corona truede, og ingen ønskede at blive smittet lige op til jul. Det passede mig fint. Kun tre veninder og min søster kendte til mødet på hospitalet. Jeg havde bedt min søster tage med til samtalen. Det er altid rart ikke at skulle sidde alene til sådan et møde. Uanset hvad der bliver sagt.

Aftenen før sad jeg hjemme og ville lige forberede mig. På Minsundhed var der kommet en beskrivelse af det, de havde observeret i forbindelse med biopsien, herunder hvor stor knuden var. Den beskrivelse ville jeg gerne have frisk i erindringen, for jeg havde jo allerede besluttet, at den skulle ud. Det lå helt fast for mig. Jeg ville kæmpe for det, uanset hvad de sagde. Så jeg loggede på Minsundhed-app'en, og straks kom der en popup på skærmen: "Du skal være opmærksom på, at du kan få vist nye helbredsoplysninger, som kan være svære at tolke, eller som kan gøre dig bekymret. Overvej, om du vil fortsætte." Mon der lå et resultat her nu? Det havde jeg ikke tænkt over. Jeg skulle jo bare se, hvor stor knuden var. Jeg forstod godt, at det sandsynligvis, måske, var det svar, som jeg skulle have den næste morgen. Det var sent på aftenen. Jeg sad alene derhjemme på sofaen. Jeg tvivlede ikke. Jeg klikkede "OK". Jeg åbnede. Jeg læste. De næste ord tænkte jeg ikke bare. Jeg sagde dem højt: "Det sker bare ikke det her." Jeg hørte mig selv gentage det: "Det sker bare ikke det her." Og så løb tårerne. Jeg behøvede ikke en ordbog for at forstå, hvad der var beskrevet. Der var ikke en god knude. Der var kræft i min krop. Og der sad jeg. Hvordan skulle jeg reagere på det? Jo, der kom tårer, men så fulgte en jagt på Google efter alle de ord i journalen, som jeg ikke med sikkerhed kendte betydningen af. Der var mange latinske betegnelser, og jeg blev ledt i alle mulige retninger med mine søgninger. Masser af ord, som selv Google ikke kunne give mig klare svar på. Modstridende konklusioner. Det hele var totalt overvældende. Alt for meget. Og på et tidspunkt indså jeg, at jeg måtte slippe det. Lige nu. For jeg havde jo fanget pointen. Hovedkonklusionen. Lidt efter midnat skrev jeg i en note: "Ondartet kræftknude. Aggressiv. Tidligt stadie." Mere behøvede jeg ikke at skrive ned. Hvad skulle jeg gøre? Skulle jeg ringe til nogen? Forberede min søster? Jeg mærkede, at jeg havde brug for at lade det lande i mig selv først. Og jeg vurderede, at det var bedst at vente til næste morgen med at fortælle min søster om det. Hvis jeg sagde det nu, ville hun bare blive ked af det og ligeledes have 100 spørgsmål. Jeg ventede.

Og så poppede Andrea Elisabeth Rudolph op i mit hoved. Jeg fulgte hende på Instagram og havde derfor også fulgt med i hendes kræftforløb. Jeg huskede, hvordan jeg havde beundret hendes åbenhed og tilgang. Jeg gik ind på hendes profil og fandt tilbage i hendes historie. Den aften tog Andrea mig i hånden, og jeg fandt en form for tryghed, smerte og ro i det, jeg så og læste. Jeg vidste allerede nu, at der ventede mig en rejse. Min forberedelse, på flere planer, til mødet i morgen var allerede begyndt. Min søster ville komme forbi mig klokken 9, så vi kunne gå sammen over til hospitalet, som lå tæt ved min lejlighed. Jeg ville fortælle hende det næste morgen. Inden vi gik ind på hospitalet.

Min søster ventede nede på gaden. Jeg gik ned til hende. Vi krammede og gik mod hospitalet. Hun fortalte en hel masse. Jeg kunne ikke finde det rette tidspunkt til at sige det. Det gode tidspunkt fandtes ikke. Vi nærmede os. Jeg fik sagt, at jeg havde en notesbog med, og at jeg måske gerne vil have, at hun hjalp med at tage noter, da jeg ikke mente, at jeg kunne klare det selv. Da jeg vidste, at der ventede en svær samtale. Jeg fortalte, at jeg havde set resultatet. At der var en ondartet kræftknude i brystet. Tidligt stadie, men aggressiv. Det var så voldsomt. Jeg trak simpelthen tæppet væk under hende fem minutter før, vi skulle ind på hospitalet. Jeg husker stadig præcis, hvor vi var. Jeg kan se det tydeligt for mig. Det var voldsomt både at gøre, opleve og sætte ord på til en anden for første gang. Hun hørte det for første gang. Jeg sagde det højt for første gang. Det var uvirkeligt, absurd, surrealistisk. Vi krammede. Vi græd. Vi kiggede på hinanden. Og så gik vi op til mødet.

Samtalen var med den mest vidunderlige kirurg, Niels. Jeg er så taknemmelig for, at det var ham, der skulle overbringe nyheden. Han sagde, at jeg ikke virkede så overrasket, og jeg fortalte, at jeg havde set det aftenen før. Vi havde en god samtale. Han var fantastisk i sin retorik og hans empati. Det var følelsesladet. Jeg optog i øvrigt samtalen, så ingen skulle koncentrere sig om at tage noter. Vi kunne bare være tilstede. Tanker, spørgsmål og forbavselse fløj rundt i lokalet. En ny verden var ved at åbne sig. En verden med kemoterapi,

7

operation og et seks måneders forløb, som allerede nu begyndte at tegne sig. Jeg skulle starte med kemoterapi umiddelbart efter nytår. Inden da ventede diverse undersøgelser, røntgen, scanninger, blodprøver og møder. Et lyntog var kommet forbi, og jeg var revet med ombord. Ingen havde spurgt, om jeg vil med. Jeg havde ikke nået at pakke mine ting. Jeg blev flået ombord. Og min søster med.

Jeg fik lov til at tage mit mundbind af, da det var lidt besværligt med snot og tårer. Jeg sad på briksen og skulle undersøges yderligere. Mine tårer trillede. På et tidspunkt spurgte Niels, om han godt måtte tage sit gennemsigtige visir af. Jeg nikkede og sagde ja. Det gjorde han, og så lænede han sin pande ind mod min. "Det skal nok blive godt". Det fineste øjeblik, som jeg var, og stadig er, meget taknemmelig for. Det blev under dette møde, at jeg for første og eneste gang spurgte om mine chancer. Jeg vidste, at jeg ikke skulle dø, og alligevel blev det et spørgsmål. Ord, der formede sig på mine læber. Jeg følte, at jeg skulle spørge. I stedet for blot at hvile i min sikre havn trådte jeg ud af min indre visdom og ind i den ydre verden, der nu lagde en plan for mig. En plan for, at jeg skulle blive rask.

Det var et voldsomt møde rent følelsesmæssigt. Det var en voldsom dag følelsesmæssigt. Efter mødet gik vi hjem til mig og drak kaffe. Vi talte om det hele. Det var her, jeg delte med min søster, hvad jeg havde oplevet, da jeg fandt knuden.

Vi både græd og var samlede i en bølgende rytme. Jeg var relativt praktisk i forhold til visse ting. Eftersom jeg lige havde fået at vide, at jeg skulle starte i kemobehandling to uger senere, at jeg ville tabe mit hår inden en måned, og at jeg skulle være i behandling i seks

8

måneder inden en operation og stråling, ja så hverken kunne eller ville jeg putte med at melde det ud. Men jeg ville dog have nogle dage med det alene, og jeg ville ikke have, at min familie vidste noget før efter juleaften. Jeg skulle holde jul med en del af familien, og jeg ville ikke sidde i det dér. Jeg havde brug for at lande bare en smule mere i det selv. Det var meget, at bede min søster om. Hun "fik lov" at dele det med en betroet veninde, men hun var med på at holde det mellem os indtil videre. Vi havde hver vores aftaler lillejuleaften. Det var fint, men det var også mærkeligt at gå hver til sit den dag. Jeg skulle traditionen tro være hos nogle gode venner lillejuleaften, hvor vi skulle pynte juletræ med deres to små drenge, som jeg er gudmor til. Min veninde vidste godt, at jeg skulle have besked den dag, så jeg valgte at ringe og fortælle hende det på forhånd. Det var svært at sætte ord på allerede nu, mest fordi der stadig var så meget nyt, som var i proces i mig. Jeg husker fornemmelsen af, at hun var god til at rumme det. Den aften blev et lille frirum. Da jeg løb rundt og legede fangeleg med drengene og blev lidt forpustet, husker jeg, at jeg tænkte, om jeg mon ville kunne gøre det samme næste år. Det var naturligvis med mig – med os – i tankerne. Vi talte dog først om det, efter at børnene var kommet i seng. Det hele føltes stadig lidt uvirkeligt. Jeg var helt sikkert stadig chokeret over det brutale overgreb, der havde været den dag. På mig. På mit liv.

Juleaftensdag kørte jeg op til sommerhuset, hvor jeg vidste, at jeg kunne finde fred og ro. Havet kærtegnede min sjæl og mine tanker. Juleaften skulle jeg være sammen med to af mine brødre, deres familier og mine forældre. Der havde i det forgange år været sygdom i familien. Der blev derfor udbragt en rørende skål over at være ovenpå igen, og at vi alle kunne fejre julen sammen. Det var et bevægende øjeblik, og vi skålede alle i taknemmelighed. Indeni mig skreg mit hjerte, for om nogle dage skulle jeg tage en bid af den glæde og "ødelægge freden". Jeg sugede til mig af kærligheden og nærværet. Vi grinede, åbnede gaver og havde en hyggelig aften. Men i det øjeblik jeg kom ned til min bil, knækkede jeg sammen. Alle de tårer, jeg havde holdt tilbage. Al den kærlighed, der bankede i hjertet. Alt det, som var. Jeg kørte tilbage til sommerhuset og sov der. I mit indre landskab var der både store bølger og fornemmelsen af en dyb ro.

Første juledag forsøgte jeg at få overblik. Kun min søster og tre veninder kendte til situationen. En plan begyndte at tage form. En rækkefølge for, hvornår jeg skulle dele, hvad der skete hos mig. Jeg ville først fortælle det til mine forældre, derefter mine søskende, så resten af familien, mine venner og til sidst mit job. For jeg kunne ikke vende retur efter nytår. Jeg meldte fra på alt. Mit job nu var Anne Inc. på fuld tid.

Min søster tog med mig hjem til mine forældre efter juledagene. Jeg havde aftalt, at vi kom forbi, da jeg havde noget, som jeg gerne vil dele med dem. Min far havde sagt til min mor, at det ikke kunne være noget dårligt, fordi jeg havde været så glad og i godt humør juleaften. Det var jeg også. Jeg sugede jo til mig af den glade, kærlige stemning. Vi havde ikke siddet længe, før jeg tog ordet. Der var ingen grund til at smalltalke. "Der er fundet en knude i mit højre bryst. Den er ondartet, og derfor starter jeg i kemoterapi umiddelbart efter nytår. Målet er at minimere eller få den helt væk inden en operation. Herefter forventer de, at jeg skal have stråling". Bombe. Stilhed. Gråd. Jeg holdt min far i hånden. Min søster holdt min mor i hånden. "Alt bliver godt. Den er fundet tidligt. Jeg ved, at det piller ved spøgelser og historie i denne familie." Jeg så min far dybt i øjnene. "Det er min historie. Jeg kommer ikke til at dø af det her." Jeg var nu 48. Et år ældre end min biologiske mor, da hun døde. Så det rykkede ved følelser, billeder og tanker, som stadig var lagret i os. Traumer, der indimellem kom op til overfladen. Og som mærkedes ekstra stærkt nu, hvor jeg havde fået brystkræft. De tog det så flot. Gjorde det nemmere for mig. Det kunne jeg mærke. Det var det sværeste, jeg nogensinde havde skullet sige til dem. Og så i deres sene alder, hvor jeg ønskede for dem, at der kun var rart nyt, blomster på vejen og stjerner på himlen. De spurgte lidt ind til nogle ting. Jeg fortalte dem, at jeg havde fået det vist af engle. Og at jeg vidste, at alt ville blive godt. Jeg gav dem en lille Buddha-figur i en ryste-glaskugle med sølvstøv. Jeg sagde til dem, at hvis de blev overvældet af bange tanker, så skulle de bare ryste den, kigge ind i glimmeret og høre min stemme sige: "Alt bliver godt. Alt bliver godt."

Dagen før havde Pernille Aalund lavet et skønt opslag på Facebook, som så præcist talte ind i, hvordan jeg havde det lige der. Især de første linjer ramte mig. "Livet kan ramme os. Som en sten gennem en rude, ved et uheld, en tilfældighed eller som en bevidst handling. Man står der, låst, mens glasset splintres og lyden forplanter sig i det rum man kaldte sit eget, men som nu pludselig er blevet invaderet." Ja, det var sådan, det føltes. Jeg mærkede at stå helt stille, mens ruden splintredes om mig. Jeg delte hendes ord med mine forældre den dag. Vi var alle rørt over dem. De hjalp på en dag, hvor ord ellers kunne være svære at finde.

Vi blev ikke så længe. Mit hjerte var ved at eksplodere. Mine tårer pressede på for at gå i totalt udbrud. En bror og moster skulle ankomme kort efter, vi var gået, så det føltes okay. Mine forældre ville blive holdt. Og jeg kunne ikke gøre det. Jeg var ved at gå itu. Jeg følte, at jeg netop havde knust deres hjerter. Jeg tog tilbage til sommerhuset og sundede mig. Senere samme dag ringede jeg til et andet familiemedlem og fortalte det, men resten måtte få beskeden på en mail. Jeg kunne ikke magte at sætte ord på til dem alle. Jeg havde forberedt den dagen før, så den sendte jeg afsted nu. En til forældre og søskende og en anden til den øvrige familie. Dagen efter ringede jeg til min ældste veninde. Hende, som lige havde mistet sin far. Vi har kendt hinanden hele livet. Hun havde fået corona, så jeg kunne ikke tage forbi hende. Jeg måtte fortælle det til hende over telefonen uden mulighed for at ses efterfølgende. Det var hårdt. Herefter sendte jeg en mail til mine nære venner. Den sidste hverdag før nytår ringede jeg til min chef. Normalt ville jeg have ønsket lidt mere tid, før jeg skulle dele nyheden udenfor familien og nære venner, men jeg havde ikke tid. Efter nytår ventede MR-scanninger, en ny biopsi, blodprøver, flere samtaler, røntgen og den første kemo. Så jeg var nødt til at handle nu. Jeg havde forberedt en skriftlig overlevering på alle aktive kunder og projekter, som jeg kunne sende til ham bagefter. Det er jo en lidt svær besked at få helt uforberedt, men også han tog imod min besked på vidunderlig vis. Han ville ringe, hvis der var noget, men ellers kunne jeg bare slippe det hele. Det var en lettelse. I dag forstår jeg slet ikke, hvordan jeg kunne tage mig sammen til at give alle de beskeder og skrive en forretningsmæssig overlevering på så få dage, når jeg tænker på, hvilken tilstand jeg var i. Jeg var uden tvivl drevet af en "overlevelses-mekanisme". Samtidig researchede jeg også på min sygdom og på den type knude, der sad i mig. Hvad betød det? Hvad var der af bivirkninger? Der var så meget, jeg ikke vidste. Så meget jeg ikke kunne vide før senere. Men jeg havde brug for at gøre noget. For at forberede mig. Eller som jeg ser det nu, så havde jeg brug for at kontrollere, det jeg kunne. For det, der var i gang, føltes som et voldsomt angreb på mit liv, som jeg kendte det. Lyntoget fortsatte i fuld fart og havde ikke tænkt sig at stoppe lige foreløbigt.

I takt med at min indsigt voksede, opstod der også en mulighed for at handle. Så jeg købte ind for at forberede mig på de mest oplagte bivirkninger. Det var alt fra saltlakridser, proteinpulver, brækposer, spytprodu-cerende tabletter, særlig tandpasta og hjælp til maveproblemer af forskellig karakter. Der var alen-lange lister over alt det, man kunne opleve under kemobehandling, men ingen vidste reelt, hvad der ville ske, før det ramte én. Jo, det med håret. Det vidste jeg. Jeg vidste også, at jeg ikke ville have paryk. Jeg fornem-mede, at jeg ville være en "beanie-pige". Hurtigt kendte jeg alle shops med huer og turbaner til ufrivilligt skal-dede, og købte huer i forskellige farver og styles. De fleste af dem fik jeg aldrig brugt, men lige der føltes det godt at være forberedt. At gøre noget.

Nytårsaften fejrede jeg sammen med min søster, som havde skabt den skønneste ramme for vores aften. Lækker mad, festlig pynt, gode vine, drinks, truthorn og knaldperler. Vi havde det så sjovt – dansede, grinede og blev fulde. På et tidspunkt hang jeg bogstaveligt talt i de fritlagte bjælker i loftet og fik ondt i maven af at grine. Det føltes meget forløsende. På kanten af et år, der ville byde på så meget, som jeg slet ikke kunne forestille mig, forstå eller vide, havde vi en aften hvor vi bare havde det sjovt. Sjovere end jeg havde haft det længe. Det var simpelthen så dejligt, sundt og en fantastisk energi. Jeg lavede et opslag med billede af os på sociale medier. #imgonnabeatthis. Det var første gang, at jeg hentydede til min omverden, at jeg var syg. Det er stadig svært for mig i dag. At bruge ordet syg. Og på dette tidspunkt følte jeg mig ikke syg.

KAPITEL 2

REJSERNE I REJSEN

Min spirituelle rejse og personlige udvikling begyndte så småt i 2014 og tog for alvor fart et par år senere. Undervejs har jeg modtaget hjælp på mange forskellige måder. Min vej og min nysgerrighed har ført mig til forskellige behandlere, terapiformer og healingsmetoder, og ikke alt, hvad jeg har favnet og oplevet, er med i denne bog. Jeg har trådt ind i processer med både plante- og naturmedicin samt indsigter fra gamle traditioner. Jeg har arbejdet undersøgende og dybt med energier og healing og ladet mig lede af en visdom, der blev ved med at folde sig ud. Guider og mentorer har støttet mig i at finde retning, forståelse, accept og tillid – også til at gå vejen selv. Ét skridt ad gangen. Min første oplevelse med MDMA-terapi var i foråret 2020. For mig var det et nyt værktøj blandt de mange, jeg allerede havde mødt på min vej. Det var dog først her, at jeg følte mig klar til denne form for terapi – en oplevelse, hvor man indtager MDMA i et terapeutisk rum med et terapeutisk eller spirituelt formål. Det er en rejse. Ind i det inderste. Ind i det, man har brug for lige der. Til det, man er åben for, eller måske netop det, man ellers blokerer for, da det kan føles mere sikkert at åbne op, selv til det smertefulde. En forbindelse til en højere bevidsthed.

Jeg havde arbejdet sammen med en terapeut gennem længere tid, efter at jeg var gået ned med stress for anden gang. Terapeutisk havde jeg taget store skridt gennem det seneste år, og af flere årsager følte jeg mig nu klar til den dybere rejse og de indsigter, som MDMA-terapien kunne hjælpe til. Helt i tråd med en stor del af min spirituelle søgen ønskede jeg inderligt, at det ville blive "en spirituel rejse". At der ville blive åbnet mere op til en højere forbindelse. At netop den åbning ville blive tydeliggjort. Det blev dog noget andet. I stedet for at tage mig op, som jeg så gerne ville, blev jeg ledt indad. Og rejsen viste et sted i mig selv, som jeg virkelig strittede imod at besøge. Jeg blev vist, hvor meget jeg modarbejdede at åbne op til en smerte, en sorg, der lå gemt i mig.

For nogle år siden havde jeg fordybet mig i at bearbejde tabet af min biologiske mor. Jeg havde behov for at lære hende bedre at kende. At mærke ind i hendes sorgfulde sider, som jeg havde fornemmet som barn. Der var en smerte, der skulle forløses, og en masse fornyet forståelse, der skulle falde på plads. Men denne rejse satte fokus på en anden smerte – nemlig min egen. Min sorg. Hvordan jeg havde det. Hvordan det var at være ti år og miste sin mor. Det satte et nyt, stort oprydningsarbejde i gang. Jeg strittede imod, men mærkede så tydeligt fysisk, at det var det rigtige. At smerten sad i mig. Min hals snørede sig sammen, når vi talte om det. Og jeg valgte at gå med. Jeg mærkede, at det var vejen frem. Og jeg havde den helt rigtige terapeut til at føre mig igennem det.

Jeg havde nok længe delt det lidt op mellem det terapeutiske arbejde, oprydning og healing på den ene side, og det mere spirituelle på den anden. I lang tid så jeg ikke helt sammenhængen mellem de to. Faktisk blev jeg ofte lidt irriteret, når jeg skulle dykke ned i sorgfulde oplevelser, gamle mønstre og uhensigtsmæssige relationer. Alene i den modstand lå der dog et klart budskab. Jeg ville bare gerne have "en direkte linje" til det guddommelige, som jeg også så og mærkede. Men sandheden var og er, at det hænger sammen. Særligt min sorg over at miste min mor som barn og den betydning, det har haft for mine mønstre og handlinger gennem livet, har krævet en del åbning. Det var faktisk først, efter jeg var fyldt fyrre, at jeg sådan for alvor brugte terapi til at bearbejde alt det, som det førte med sig. Alt det, som sad i mig. Selvom jeg aldrig har været bange for at føle, tale og være åben om det, var der ting jeg havde overset, ignoreret og ikke havde opfattet som noget, der skulle løsnes op for. Men jo længere jeg kom i min spirituelle rejse, desto mere kunne jeg se og mærke ind i det. Min modstand viste mig tydeligt, at der lå svar og nødvendig healing. Det arbejde, jeg gjorde, og den healing, jeg gennemgik, førte mig videre på min spirituelle rejse. Det gav næring til min åbning for at mærke, blive guidet og lytte. Lytte til kroppen, sjælen og viden. Fælles for de mennesker, terapeuter, sjæle og mentorer, der hjalp og støttede mig på vejen, var, at de alle integrerede det usete og spirituelle som en naturlig del af deres livssyn og vejledning.

Der var gået et år siden min første MDMA-rejse, da det kaldte på mig igen. Jeg følte, at der var sket meget siden sidste gang. Jeg havde været i dyb proces for at forstå min egen sorg, mine handlinger og min opfattelse af mig selv. Det føltes som det rette tidspunkt at tage endnu et skridt ind i de dybere lag. Jeg var klar. Jeg bad en bøn om en spirituel rejse. Jeg havde min angelit krystal i hånden. Jeg var rolig. Og jeg håbede. Det vigtigste var dog min tillid til, at jeg ville få den rejse, jeg havde brug for. At jeg kunne give slip. Være åben for at modtage det, jeg var klar til. Og stole på, at det, som skulle igennem, ville komme igennem. Det havde jeg lært nu.

Alle rejser er forskellige, og denne gang var det en helt anderledes oplevelse. Meget kraftfuld. Jeg oplevede en kronechakra-åbning og en guddommelig tilstedeværelse. Et lys strømmede ind i mit hoved i en sådan kraft, at jeg måtte bede min bisidder om at holde på mit hoved og heale undervejs. Gammelt blev sendt ud, og den smukkeste energi strømmede ind. Det er svært at beskrive, men det var en meget smuk og intens oplevelse. Ofte husker jeg ikke så meget fra mine rejser umiddelbart efter. Det hele arbejder videre, og jeg modtager mere indsigt og flere budskaber i dagene efter i det, jeg kalder efter-rejsen. Mange tanker og følelser bliver tilgængelige. Jeg skriver meget. Jeg hører. Jeg ser. På den måde kan jeg integrere oplevelsen på en rigtig fin og undersøgende måde. Sådan var det også med denne.

Nogle måneder efter rejsen blev jeg ved med at have en fornemmelse af, at der var noget i mig, som skulle ud. Jeg mærkede noget, jeg ikke forstod, men mærkede også, at det var vigtigt. Jeg vidste ikke, om jeg var klar til en rejse mere lige nu. Der var andre ting, som trak i mig, men jeg følte samtidig, at der var noget, der skulle ud først. Det føltes, som om det sad i brystet, måske relateret til mit hjerte- eller halschakra, men det var svært at sætte ord på. Jeg famlede lidt. En kalden i mig, jeg ikke forstod. Jeg rakte derfor ud til min terapeut. Efter en rigtig god samtale blev vi enige om, at jeg skulle prøve en session, hos en anden terapeut, som kunne arbejde mere målrettet med healing kombineret med en mini-MDMA-rejse. Det resonerede med mig, så det gjorde jeg.

Et par dage efter den rejse mærkede jeg et stærkt behov for at gå i meditation. Jeg kom hurtigt i en dyb meditativ tilstand, hvor jeg blev i to timer. Jeg lå helt stille på ryggen, mens jeg fornemmede et lysende væsen, et hvidt klæde, der flagrede over mig. Jeg var badet i lys. Det strømmede ud over mig. Da jeg umiddelbart efter skulle sætte ord på oplevelsen, sagde jeg: "Jeg har modtaget Guds lys". Det var min oplevelse. Det var den beskrivelse, som gav mening. Jeg bruger normalt ikke ordet Gud om den spirituelle forbindelse og åbning. Jeg blev derfor selv overrasket, da det kom ud af min mund. Men det var samtidig det, jeg følte og vidste om det, der var sket. Jeg vidste, at jeg havde oplevet noget helt særligt. Alligevel var der stadig noget, som skulle ud. Jeg kunne ikke sætte en finger på det. Jeg kunne ikke rigtigt se det, men fornemmelsen forsvandt ikke.

Der tegnede sig et flow, en bevægelse i de rejser, fordybelser og opdagelser, jeg havde gjort mig det år. Noget, der ville ud. Eller noget, jeg kunne mærke, som skulle have lyd. Jeg søgte hjælp til at gå dybt. For at finde det, som jeg fornemmede skulle ud. Jeg troede på, at noget skulle heales, og at jeg ikke kunne gøre det selv.

Det førte mig til endnu en MDMA-rejse i oktober 2021. En ny og fantastisk ramme, som jeg var blevet anbefalet og guidet til. Med en facilitator og bisidder, der er en gudsbenådet healer og har en fuldstændig fantastisk, engleagtig tilstedeværelse. Det var en dyb rejse, der bragte mig flere betydningsfulde budskaber undervejs. Rejsen bød på healing på mange planer, både gennem mit eget, hendes, vores fælles arbejde og de stærke energier i rummet omkring os.

Som sædvanlig var der kun få billeder, som jeg havde set tydeligt. Men jeg så dog helt klart, hvad der lignede en scene fra et gammeldags amerikansk hospital, som man ser det i en film fra 2. verdenskrig. En hospitalsseng med hjul. Sygeplejersker med hovedbeklædning på. Farverne mindede mig om noget fra en amerikansk diner. En stor kanyle. De sagde ikke noget, men de kiggede på mig. Intenst. Kærligt. Jeg var ikke bange overhovedet. Synet gjorde mig ikke utryg. Da jeg bagefter fortalte om mit syn, nævnte min bisidder, at sygeplejerskerne måske symboliserede healing på en eller anden måde. I dagene efter gav jeg det plads og søgte de dybe meditationer. Jeg lyttede også til musik, der førte mig tilbage til rejsen. En aften kom jeg i en meget dyb meditativ tilstand. Jeg lå på sengen i min lejlighed. Jeg var langt væk. Dette er, hvad jeg oplevede. Jeg kan ikke bruge andre ord. Det står helt klart og tydeligt for mig.

Jeg mærkede Guds hænder på mig. Mærkede den stærke healing. En varme bredte sig i hele kroppen. En hånd hvilede på min pande, den anden på mit bryst. Min mor sad bagved mit hoved. Hun aede mig på hånden. Sådan ville hun gøre, hvis hun var her, sagde hun. Jeg var i denne tilstand – i denne favn – i lang tid. Tårerne trillede ned ad kinderne. Det var helt unikt. Jeg havde ingen lyst til at bevæge mig. Alt var intenst. Umuligt at beskrive fyldestgørende. Guddommeligt. Da jeg kom ud af denne tranceagtige tilstand, føltes det som om mit bryst var blevet elektrificeret. Som om jeg havde fået stød igennem det med en hjertestarter. Hele brystregionen var spændt. Jeg var ret træt bagefter. Det hele var overvældende. Følsomt. Jeg forstod ikke helt, hvad der var sket. Jeg havde mærket Guds hånd. Det var og er en ret stor følelse at forholde sig til. Og igen et ord, en beskrivelse, jeg selv havde det lidt mærkeligt med, men som var den sandhed, jeg mærkede. Min mors tilstedeværelse kender jeg. Den er tryg og kærlig. Hun var med den dag for at holde mig i hånden. For at vise kærlighed og omsorg.

Få dage efter denne oplevelse mærkede jeg knuden. Og da jeg mærkede den, fik jeg vist, hvorfor den var der. Hvordan. En klar og tydelig besked. Alt det arbejde, jeg selv havde gjort med at slippe og bearbejde sorg, havde forløst det meste. Alt det, jeg kunne gøre selv, var gjort. Guds healing havde healet på det, som jeg ikke selv var i stand til at forløse. Jeg fik vist, hvordan tråde i røde og orange farver fra alle afkroge af min krop blev suget ind i en cirkel, en bold, en knude. Jeg havde fået hjælp til at heale på det sidste af den sorg, jeg havde båret på. Der var også en besked. Den var helt tydelig. "Det sidste skal vi have hjælp til. Den skal ud. Vi skal have hjælp til at få den ud."

Jeg var helt rolig. Det var meget mærkeligt. Uvirkeligt. Jeg delte det ikke med nogen. Jeg kunne ikke rigtig være i det. Det var stort. Overvældende. Min mere rationelle hjerne tog over. Jeg tænkte noget med, at jeg måtte vente og se, om det nu også var en knude, eller måske bare var en cyste. Eller nogle hævede kirtler, som ville blive mindre om nogle dage. Jeg er faktisk ikke helt sikker på de rationaler, som jeg fandt frem til. Efterfølgende har jeg undret mig over, hvorfor jeg ikke bare rykkede på det med det samme. Hvordan jeg kunne stå med en så tydelig besked, en vished, og alligevel lod mig overtale af den rationelle stemme til at

22

vente og se tiden an. Hvordan jeg tøvede, selv med en klar forståelse af det, jeg mærkede og vidste. Jeg ser og forstår dog nu, at jeg, selv med en klar indsigt, havde behov for at finde ro og tillid til det, jeg havde oplevet. Selvom jeg vidste, at den skulle ud. Jeg var ikke i tvivl om beskeden. Det var den sidste del af min oplagrede sorg, som var samlet i en knude. Jeg vidste, jeg ikke skulle dø. At den bare skulle ud. Men jeg gjorde ikke noget ved det her. Jeg ventede. Heldigvis kunne jeg holde fast i visheden, også selvom min handling ikke fulgte med det samme. Da jeg fik beskeden, betød det nemlig for mig, at jeg var helt sikker på, at jeg ikke skulle dø.

Når jeg ser tilbage nu, mærker jeg en vis forundring over, hvor meget jeg egentlig kunne rumme – både fysisk, mentalt og åndeligt. Min forståelse af knuden, hvorfor den var der, og det, jeg havde fået vist, blev et uvurderligt anker for mig. Det gjorde mig helt sikkert rolig i øjeblikke, hvor jeg ellers havde panikket. Det blev en tryghed, jeg kunne læne mig ind i. Jeg kunne med det samme sætte ord på det, jeg oplevede og vidste. At jeg var gjort klar, at alt ville blive godt, at jeg ikke skulle dø, at dette var min historie, og at jeg skulle igennem en transformation. Jeg ser nu, hvordan jeg var i stand til at dykke ned i en ordbog, en værktøjskasse og en farvepalette, som gjorde mig i stand til at være i en positiv energi og tillid. Og dermed også skabe en historie og en stemning omkring mig, som var båret af netop det. Jeg er ikke i tvivl om, at det havde stor betydning for min vej.

Det, jeg ikke så med det samme var, hvor meget jeg skulle kæmpe. Hvor hårdt det ville blive. Jeg var forberedt på, at den skulle ud, men jeg var ikke forberedt på, at jeg skulle være syg. For da jeg fik diagnosen, følte jeg mig ikke fysisk syg. Det var først under behandlingen, at jeg begyndte at føle mig syg. Så meget desto vigtigere blev det for mig, at jeg havde et solidt fundament, en tryghed, en tro og et lys at læne mig ind i.

Senere har jeg naturligvis tænkt tilbage på det, jeg mærkede. Det "noget", som skulle ud. Min årlige undersøgelse i maj måned samme år med ultralyd og mammografi viste ingenting, men i månederne efter fik jeg fornemmelsen af, at noget skulle ud. Var det "noget" den sorg, jeg stadig bar i mig? Det, jeg fornemmede, jeg skulle have hjælp til at få ud? Skulle jeg guides ad en vej gennem mine rejser, fordi jeg havde brug for en guddommelig hånd, energi og hjælp til ikke at drukne i den smerte, som jeg ikke selv kunne forløse? Så den blev indkapslet i en knude. Der er ingen klare svar. Der er min fornemmelse. Og min oplevelse. I min krop.

I samme periode reagerede min krop faktisk også anderledes på alkohol. Jeg blev pludselig meget fuld af næsten ingenting. Derfor drak jeg stort set ikke – eller kun få glas på en aften. Min krop kommunikerede tydeligt med mig. Min intuition og fornemmelse var styrket, og det samme var min spirituelle udvikling og åbning. Det harmonerede heller ikke helt med alkohol. Det føltes sårbart. Mine valg afspejlede en øget påpasselighed og selvomsorg, og jeg handlede heldigvis både bevidst og ubevidst i tråd med dette.

Jeg er dybt taknemmelig for, at jeg blev vist vejen til den hjælp, jeg skulle have. At jeg fik vist knuden. Jeg bruger selv ordene, at jeg blev reddet. Kunne jeg have forhindret det, hvis jeg havde set ind i de følelser før? Hvis jeg havde forløst den sorg for mange år siden? Var det overhovedet en mulighed? Havde jeg været klar? Det er faktisk først nu, at jeg har stillet mig selv de spørgsmål. Jeg tror det ikke. Den forklaring, jeg fik, gav så meget mening, at jeg aldrig har haft behov for at spørge. Jeg havde jo gået min vej. Den skulle bare ud. I dag er jeg ikke i tvivl om, at det netop var levn af uforløst sorg og smerte, der gjorde min biologiske mor så syg, at hun mistede livet. Det kan godt gøre mig trist at mærke ind i. Men hun var med til at sikre, at det samme ikke skete for mig. Det fylder mig med kærlighed og får mig til at smile.

KAPITEL 3

DEN FØRSTE MÅNED

"Jeg står helt roligt midt i en storm. Jeg vælter ikke. Måske svajer jeg, helt ned, men op igen. Som ballerinaen i smykkeskrinet. Jeg står fast, selvom det føles, som om jeg flyder eller ikke har fast grund under fødderne. Jeg tør tro. Jeg ved noget. Føler det. Jeg er en kærlighedsbølge. Jeg fører nogen sammen i dette. Jeg bliver selv ført sammen med nogen i dette. Det er lidt forvirrende. Har mere lyst til at smile end at græde. Kærlighed. Jeg kører den ind med kærlighed. Må kærligheden blive det største lys i mørket. Den vigtigste del af bølgen. Den energi som sejrer. Jeg er elsket og på ingen måde alene. Tak. Understreget, vist og modtaget."

Fra mine noter

I starten af december tilmeldte jeg mig en "Manifestation Challenge" hos Gabby Bernstein – en af mine mentorer. Hun havde skabt et online forløb, der startede lige efter nytår og varede i enogtyve dage. Det virkede som en dejlig måde at starte det nye år på, sådan som min verden så ud på det tidspunkt.

27

Da jeg den 1. januar lyttede til den første opgave, som handlede om at visualisere, hvad jeg ønskede for min fremtid, føltes det dog anderledes. Jeg skulle drømme stort, gerne med fokus på et særligt område, og virkelig mærke ind i det. Men at gøre dette blot få dage før min første kemobehandling føltes næsten absurd. Min verden havde jo ændret sig markant. Jeg tænkte ikke på relationer, nye kreative projekter, bolig eller andre drømme, som ellers havde været oplagte at fokusere på. Der var kun én ting, der gav mening at manifestere på nu. At jeg var rask og kræftfri. Først sad jeg og stirrede lidt opgivende ud i luften, men så tænkte jeg: Ja, nemlig. Så det var lige præcis det, jeg gjorde. Jeg forestillede mig, hvordan det ville føles den dag, jeg fik beskeden om, at alt var væk. At jeg var rask. Fri. Jeg havde et klart billede, jeg kunne forbinde mig til. En dag fra min barndom, hvor min biologiske mor havde været på hospitalet efter at være faldet om, men kom hjem igen samme dag. Hun kom gående ind i haven på græsset i bare tæer. Smilende. Næsten grinende. Den glæde, den følelse, jeg mærkede i det øjeblik, forbandt jeg mig til nu. Jeg kunne mærke græsset mellem tæerne. Solen på huden. Jeg smilede. Grinede. Jeg havde fornemmelsen lige der. Jeg husker, at jeg også smilede ved tanken om, at der nok alligevel var en mening med, at jeg havde tilmeldt mig denne "Challenge" tilbage i december. Ellers ville jeg aldrig have forbundet mig med den følelse, som jeg nu mærkede så opløftende ind i. Og som jeg søgte tilbage til flere gange. I mørke stunder kunne jeg mærke dette lyse øjeblik helt ind i knoglerne. Det var både dejligt og vigtigt at have med mig. Jeg fulgte "Challenge"-forløbet hver dag, selvom det til tider stadig føltes lidt absurd. Men jeg opdagede også, hvor meget det gav at have en motiverende praksis hver dag, udover de daglige ritualer, jeg allerede havde. Især nu. For at styrke dette købte jeg et medlemskab hos Gabby Bernstein, der gav adgang til ugentlige temaer og meditationer. Det viste sig at få langt større betydning, end jeg havde forestillet mig.

Jeg meldte tidligt ud til min familie og nærmeste venner om min sygdom og det forløb, der ventede. Sådan blev det. Jeg følte heller ikke, at jeg havde et valg. Måske var det en god ting for mig. Jeg vidste, at det inden for kort tid ville blive synligt, at jeg var i behandling, og at mit liv på alle måder var ved at ændre sig. Derfor gav det mening at melde ud, mens jeg stadig havde kræfterne til det. Jeg fandt hurtigt min egen måde at italesætte min situation på. Jeg var ikke i tvivl om, at jeg ville være åben. At jeg ville dele det, jeg mærkede. At alt ville blive godt. Jeg holdt mig på ingen måde tilbage i min måde at se det på. Jeg delte om lys og kærlighed og alle de gode energier, som jeg selv ønskede at bevare. Jeg delte også om alle de dygtige og kærlige sjæle, jeg allerede mødte på min vej. Den verden, jeg trådte ind i på egen hånd, og som jeg skulle navigere i med lys. Andet var ikke en mulighed. Alt andet føltes uoverskueligt.

Jeg valgte at holde dem orienteret ved at sende fælles opdateringer på mail. Det gav mig mulighed for at dele sårbart, hvad jeg gik igennem, selvom jeg ikke kunne overskue at være i kontakt med alle individuelt. Jeg havde brug for ro til at fokusere på alt det, som jeg skulle lære at navigere i. Men gennem denne løbende åbenhed skabte jeg et nært heppekor, der blev en positiv, omsorgsfuld og bekræftende energi gennem hele forløbet.

Jeg gik lange ture hver dag og nød naturens kærtegn af min sjæl. Skrev meget, som jeg altid har gjort. Mine noter er fyldt med tanker, der strømmede igennem mig. Så meget taknemmelighed, forundring og en følelse af at give slip. Accept. Jeg var også bevidst om, hvor meget af min autonomi, der var blevet taget fra mig. Jeg var vant til at gøre alt selv, eller i det mindste selv at bestemme, hvornår jeg involverer andre og eventuelt har brug for hjælp.

Nogle af mine veninder talte hurtigt sammen om at lave en slags støttegruppe, hvor de kunne holde sig opdaterede om mig og byde ind på at hjælpe mig. En fuldstændig fantastisk og kærlig idé, men det kunne jeg bare ikke være i. Jeg kunne godt se, hvor kærligt det var, men mit ego dansede en krigsdans og kunne ikke finde ro i det. Jeg mærkede en følelse af afmagt. Jeg gjorde mig umage for at se deres fantastiske initiativ fra flere vinkler, men sandheden var, at jeg ikke kunne overskue det. Ikke kunne forholde mig til det. Jeg ville næsten hellere have, at de gjorde det i hemmelighed, omend jeg blev delagtiggjort, fordi de vidste, at jeg normalt ville involveres. Jeg så det normale smuldre og mærkede allerede dér, hvor svært det var at navigere.

Der var så meget nyt at forholde sig til i takt med, at jeg trådte ud i et ukendt land. Nye ord, beslutninger, bivirkninger, mennesker, energier, hensyn. Det var alt for meget på én gang. Alt var forandret. Det var voldsomt at være i. Når alt var stille omkring mig, var jeg i god kontakt med mig selv og formåede at finde ro, men jeg mærkede også, hvordan oplevelserne satte spor i mig, ligesom medicinen og behandlingen gjorde det.

Midt i januar besluttede jeg at få klippet mit lange, lyse hår af til to centimeter over hele hovedet. Det kunne jeg trods alt selv tage affære på. Tanken om at hive lange lokker ud eller se dem falde af i badet ville være smertefuldt. Med kort hår ville det blive en mildere oplevelse. Samtidig delte jeg mere åbent ud på sociale medier, hvad jeg gik igennem, og blev overdynget af kærlighed og støtte. Det kunne virkelig noget. Og sådan var det bare. Alle de "likes". Folk, der pludselig rakte ud med deres egne sårbare historier. Andres frygt, der fik ord. Al den kærlighed og kampgejst. Det var virkelig bevægende. Normalt har jeg ikke delt specielt sårbart på Facebook og Instagram. Jeg har aldrig åbnet helt op til mit inderste. Men her stod jeg "uden tøj på". Var det grænseoverskridende? Ja. Befriende? Også. En rationel tanke var, at færre ville stille spørgsmål, når de så mig skaldet. Men den energi, jeg mærkede, var meget rørende, og mit heppekor blev udvidet massivt.

Jeg erfarede, at når vi er i knæ, er det en gave både at dele og modtage omsorg. Ikke kun fra nære venner, men også fra de bekendtskaber, vi ikke har daglig kontakt med, men som alligevel er en del af vores historie – og vi af deres. Mine opslag var ærlige og sårbare, men jeg sorterede også. Jeg delte ikke alle detaljer om alt det svære, og alt det, der gjorde ondt. Jeg ville fejre sejrene undervejs og takke for kærlighed. Det var en fin balance for mig, for i det at åbne sårbart op, lå der også vigtigheden af at kende mine grænser. At kunne sætte mine egne grænser. At først og fremmest være tro mod mig selv og min sandhed.

Uanset hvor meget godt jeg havde at læne mig ind i af gode vaner, omsorgsfulde omgivelser og bønner, så oplevede jeg også, at alt smuldrede for mig. Under mig. Alt det, jeg troede, jeg havde styr på, blev til støv og pustet væk. Jeg havde absolut ingen kontrol, udover den, jeg selv tog. Jeg forsøgte at tage styring, men indså hurtigt, at der kun var én ting at gøre: At slippe i tillid. Det kan være virkelig svært. Men jo mere bevidst jeg er blevet omkring det gennem årene, desto nemmere er det at opdage, stoppe op og give slip. Denne "træning" var jeg taknemmelig for, at jeg havde været igennem i mange år, før jeg blev tvunget i et så massivt knæfald, som jeg var i nu. Tidligere ville det have skabt så meget stress og modstand i mit system, at jeg ikke havde opdaget det. Ikke havde stoppet op. Ikke havde kunnet give slip. Jeg havde ikke haft det perspektiv tilgængeligt. Og det ville have gjort det endnu sværere at være i denne proces. Men selvfølgelig blev jeg stadig udfordret på det undervejs.

Min behandling startede med fire omgange af det, der blev betegnet som "den hårde" kemo. Jeg kunne dog med det samme mærke, at det med at kalde det "den hårde" føltes som virkelig dårlig energi. Jeg stod foran et forløb med 16 kemobehandlinger, og jeg måtte skabe en anden ramme – en tanke og en energi af et positivt samarbejde. En sygeplejerske fortalte om en bog, de har til børn med kræft, hvor de kalder kemoen for Kemo Kasper, og sådan blev det til, at jeg igennem 16 omgange dansede med Kemo Kasper. Jeg håbede, at han ikke ville træde mig over tæerne. Håbede, at vi kunne finde rytmen. Jeg skabte en bevidsthed om, at Kemo Kasper var min ven. Min dansepartner. Jeg kunne ikke være sur på ham undervejs, hvis jeg kunne mærke noget skidt. Det var jo for at få ham Pete ud af kroppen. Det var navnet, som jeg havde givet knuden, da en af mine gode venner insisterede på, at den skulle have et navn, så jeg vidste, hvem jeg skulle sparke ud. Og Pete skulle bare vide, at han ikke var velkommen i min krop.

Han skulle skride ud af den med det samme. Det kan måske lyde fjollet, men jeg ved og ser i dag stadig, hvor vigtigt det var, at jeg havde en positiv ramme. Andre kunne finde på at tale om kemo som gift for kroppen. Men jeg kunne ikke være åben for at modtage gift i kroppen 16 gange. Det kunne jeg ikke byde min krop. Så i stedet dansede jeg med Kemo Kasper, og han gjorde sit bedste, selvom han flere gange trådte mig over tæerne. Når jeg lå der i sengen på hospitalet, og der blev sat slanger til mig og stukket i mine arme, så føltes det stadig indgribende på mig og min krop, men jeg valgte at danse med, og det gjorde en forskel for, hvordan det var at være i.

Under de første fire behandlinger havde jeg "babysitter" derhjemme i nogle dage, da der kunne opstå kraftige reaktioner. Jeg fik lov til at flytte op i sommerhuset og dermed være i den mest positive og healende ramme, som jeg kunne ønske mig. Kemoen gav en mærkelig følelse i kroppen. Jeg kunne mærke, hvordan noget fremmed strømmede rundt i mig. Hvordan det bredte sig, som timerne skred frem. Jeg sov meget det første døgn efter behandlingen. Min søster var babysitter den første gang. Det var lidt nervepirrende. Ingen af os vidste jo, hvordan jeg ville reagere, men det forløb heldigvis roligt. Hun sad ved siden af mig, da jeg første gang skulle tage en sprøjte i maven dagen derpå for at booste produktionen af hvide blodlegemer. Vi så en video først for at være helt sikre på, at jeg gjorde det rigtigt. Et helt absurd sceneskift fra vores fantastiske nytårsaften blot seks dage tidligere. Det var stadig svært helt at begribe, hvordan livet på så kort tid kunne vende så dramatisk.

Når jeg tænker tilbage, kan jeg godt stille spørgsmål ved, hvor meget af min håndtering, der skyldtes overlevelseskræfter. Altså lidt som når man hører om den lille pige, der kan bære sin far ud af en bil i brand. De overmenneskelige kræfter, vi har adgang til. Var det det, der skete i mig? Forsvarsmekanismer. Eller blev jeg båret af den energi, jeg mærkede så stærkt. Som jeg naturligt forbandt mig til for at overleve den massive invasion, der var i gang i mit liv. Jeg havde samtidig mange omkring mig, der bød ind med støtte og tilbød hjælp. Dog var det udfordrende at navigere i, for jeg havde svært ved at overskue mine egne behov. Jeg vidste heller ikke, hvordan det hele ville udvikle sig, men det var dejligt at blive mødt med kærlighed og mærke den varme energi, omsorg og de positive intentioner, der strømmede min vej.

Efter den første kemo mærkede jeg noget, der trykkede ved endetarmen. Jeg havde læst om mulig forstoppelse, og var forberedt på det meste, så jeg drak noget pulver, som skulle sætte gang i tingene. Jeg ringede også til min læge, som mente, jeg skulle afvente resultatet af pulveret, men det blev hurtigt meget voldsomt og smertefuldt. Om natten blev jeg vækket af smerten. Det føltes, som om et brændende sværd skar op gennem min ryg. Jeg skreg af smerte på en måde, jeg aldrig før havde oplevet. Jeg følte mig lille og sårbar, fanget i noget, jeg ikke kunne forstå. Jeg havde ingen anelse om, hvad der foregik i min krop, eller hvad den prøvede at fortælle mig. Nogle dage senere begyndte jeg at dulme med piller. Fire gange i døgnet med en kombination af panodil og ibuprofen. Jeg var bekymret, men samtidig meget fokuseret på at være klar til den næste kemobehandling. Så jeg tog til lægen og insisterede på en undersøgelse. Lægen mente, det var en hæmoride. Jeg spurgte, om det virkelig kunne gøre så ondt. Åbenbart. Jeg påpegede, at jeg skulle være klar til næste kemo senere på ugen. Dagen efter tog jeg til lægen igen, for jeg var helt sikker på, at noget var galt. Hun holdt fast i sin diagnose. Jeg fik min næste kemo, hvilket faktisk dæmpede smerterne i nogle dage. Jeg var taknemmelig for, at jeg kunne få behandlingen, og at smerterne var mindre, så jeg kunne fokusere på kemoens virkning i min krop. Men smerterne vendte tilbage efter nogle dage. Jeg insisterede derfor på en henvisning til en specialist, som sendte mig direkte videre til Bispebjerg. De kunne hurtigt give en forklaring på min smerte. På grund af kemobehandlingen var mit immunforsvar meget svækket, hvorfor der var opstået en betændelse i en kirtel ved endetarmen. Den havde haft de bedste betingelser for at forgrene og sprede sig ekstremt hurtigt, og var nu blevet en kompliceret tilstand, der krævede akut operation. Mine infektionstal var kritisk høje, især for en person i kemobehandling – og ovenikøbet under corona. Jeg var helt i knæ fysisk.

Bispebjerg var i fin dialog med mit team på Rigshospitalet. Jeg blev mødt af det sødeste lægeteam, som tog imod mig med stor empati. Jeg kunne mærke, at de tog ekstra hensyn til mig, og var ekstra opmærksomme på mine tal, som var helt ude af balance. Jeg var ikke helt stolt af situationen. Dels mærkede jeg, hvordan det føltes som et nederlag at være her nu. Det var ikke det, jeg havde forestillet mig. Ikke det, jeg havde forberedt mig på. At jeg skulle opereres akut for noget helt andet end kræft. At jeg allerede nu var under så stort pres fysisk. Dels var jeg meget bevidst om det skifte, der skete lige her i forhold til min krop. Jeg havde før været igennem et sygdomsforløb og genkendte følelsen: At min krop blev til noget andet. Blev en krop, der skulle bære mig, rumme mig og løfte mig gennem det, der ventede. Men også en krop, der ikke længere var forbundet med min femininitet, med en sensualitet, en seksualitet. Der sker bare noget, når man går mere i et overlevelsesmode. Fokus bliver på noget andet. Og det bliver mere ukompliceret på den måde at være nøgen og at blive undersøgt, selv ved intime dele af kroppen. Men det var bare ikke fedt at mærke det ske allerede nu. Jeg skrev om det dengang: "Jeg er ked af, at jeg har bragt min krop i en tilstand, hvor den nu er et skib, der skal tage mig i land, men ikke længere kan bære min seksualitet." Det skifte. Det føltes alt for tidligt i forløbet.

Da jeg vågnede op efter operationen, sagde kirurgen til mig: "Du må seriøst have haft voldsomme smerter." Lige der følte jeg mig set. Jeg lovede også mig selv at huske på, at min smertetærskel var høj, og at jeg skulle agere derefter i resten af forløbet. Jeg fik væske og antibiotika intravenøst fem gange i døgnet, mens jeg var indlagt. Min "viden" om, hvad der skulle ske, og hvor rock'n roll jeg ville bære det, blev smadret til jorden. Mit behov for at styre og kontrollere "den seje vej" gik fuldstændig galt. Det fandt jeg hurtigt ud af. Og hver gang jeg så det og gav slip, fik jeg det bedre. Jeg forstod godt, at min vej gennem dette var at lade universet tage sig af mig. Jeg skulle slippe og lade tingene ske. Føle mig tryg. Når jeg glemte det, blev jeg stresset, ked af det og følte afmagt. Hver gang fandt jeg heldigvis tilbage til at grine af mig selv og slippe. Men det var en kamp. Jeg var opsat på at styre, hvilken form for operation jeg skulle have, blandt de muligheder, jeg fik beskrevet. Jeg så nemlig kun en løsning, som den rigtige for mig. For så kunne jeg nemmere nå de andre ting, jeg havde planlagt inden den næste kemo. Jeg husker, at jeg lå der. Totalt overkørt. Stresset. Overvældet. Overrumplet. Jeg græd. Og så mærkede jeg vejen. Den eneste vej: At slippe. "Just Surrender".

"Today I surrender my goals and plans to the care of the Universe.
I offer up my agenda and accept spiritual guidance.
I trust that there is a plan far greater than mine.
I know that where there once was lack and limitation, there are spiritual solutions and creative ideas.
I step back and let love lead the way. Thy will be done."
Citat Gabrielle Bernstein – Fra mine noter

Jeg var sårbar og ydmyg. I knæ. Åben for den hjælp, jeg fik. Og jeg blev mødt af de absolut sødeste mennesker hele vejen igennem. Lægerne, sygeplejerskerne og anæstesiteamet. Jeg fortalte kun til tre personer, hvor jeg var. Jeg kunne simpelthen ikke overskue at dele og forklare om min tilstand. Ikke fordi det var for intimt at gå ind i. Det handlede om noget dybere – nemlig det nederlag, jeg følte. At jeg allerede havde tabt. Var bukket under. Det var en kæmpe øvelse at se det og finde fred med det. At grine af det. Det var den eneste vej for ikke at blive negativ, vred og underminere min styrke. Men jeg var også bevidst om, at jeg ikke havde overskuddet til at dele med andre. Til at tage imod omsorg i det. Jeg havde brug for ro til selv at være i det. Det havde været en voldsom uge i en voldsom tid, men der var den ene engel efter den anden på det hospital. Jeg kom med lys, og de lyste på mig. Jeg fik så god og kærlig og dygtig behandling, og med stor hensyntagen til min særlige situation. Og der i min hospitalsseng tappede jeg ind i min læring og tilgang til healing og bad om støtte fra engle og guider. Jeg lagde mine

37

hænder på min krop og mærkede varmen. Den healende energi, der strømmede gennem mine hænder. Jeg tænkte, at det var vildt, at jeg bare gjorde det. Lige der. Helt udmattet. Men det gjorde jeg. Det var trygt og roligt. Og helt naturligt.

Det blev fredag. Jeg lå og kiggede ud ad vinduet på den smukke, klare blå himmel. Jeg skulle hjem den dag, og det så ud til, at jeg kunne være klar til min MR-scanning næste morgen. Den første siden kemobehandlingens start. Mens jeg lå der, kunne jeg næsten mærke mit hår falde ud. Jeg fornemmede, hvordan det nærmest piblede i hovedbunden. Håret kløede og strittede i alle retninger. Nu ville det af. Jeg tog hjem til min lejlighed og blev i byen, da en voldsom storm var varslet over landet. Jeg skulle være tæt på hospitalet og undgå at køre fra sommerhuset gennem væltede træer, hvis der opstod noget akut. En veninde købte ind for mig, da jeg var så lavt i immunforsvar, at lægerne bad mig holde mig væk fra supermarkeder, indtil mine tal så bedre ud.

Næste dag gik jeg over på hospitalet til min scanning. Det søde personale måtte finde en skammel frem, så jeg lettere kunne komme op på lejet. Jeg var jo lige blevet opereret, og situationen var tragikomisk i sig selv, men det gav os noget at grine af sammen. Selvom der var sket ufatteligt meget de sidste fjorten dage, havde jeg alligevel lagt mærke til, at knuden, Pete, var blevet mindre. Jeg kunne faktisk ikke mærke den mere. Kunne det virkelig passe, at der var så stor effekt allerede? Eller hvad var det jeg mærkede? Scanningen ville give svar på det. Jeg var spændt. Jeg lå og chantede indvendigt under scanningen: "Lille fierce, stærke krop. We can do it. We got this." Jeg vraltede hjem efter scanningen og talte med min søster. Hun ville komme forbi senere. Jeg sagde til hende, at mit hår ville af. At det var nu.

Vi gjorde os klar til "operationen" på badeværelset. Hun spurgte, om vi skulle tage billeder undervejs, men det kunne jeg ikke overskue. Det skulle vi have gjort, for det var faktisk sjovt. Vi grinede og lavede munkefrisure undervejs. Det var også lidt grænseoverskridende – nok især for min søster. Jeg havde glemt at få "værktøjerne" i orden, så det skulle gøres med en køkkensaks og en ladyshaver. Helt håbløst dårligt forberedt, og det tog derfor lang tid, men af kom det, og det var faktisk helt fint. Nærmest befriende. Det vidste jeg jo ville ske. Og jeg kunne næsten bedre kende mig uden hår end med den korte mellemstation. Jeg ved, at for nogen er det en trist begivenhed at blive tvunget til at sige farvel til håret. For mig var det nemt. Nok fordi der var så meget andet at deale med, og fordi der endelig var noget, jeg selv kunne tage hånd om i processen. De få ting, jeg kunne styre, gav mig en lille tilfredsstillelse. Det så jeg allerede dengang, og det fik mig til at smile. Jeg husker også, at jeg den dag tog et langt bad, hvor jeg aede min krop. Og hvor jeg mærkede på mit hoved. Min skal. Formen. Det er ikke det samme, som med hår på. Det var noget, jeg skulle lære at kende, mens min krop skulle forkæles med et ekstra langt bad den dag.

Efter weekenden var jeg til kontrol på Bispebjerg Hospital, og de besluttede, som forventet, at operere en gang mere – faktisk med den løsning, jeg havde ønsket, men havde sluppet at kræve. Altid dejligt at blive bekræftet i, at det virker at give slip. Teamet på operationsstuen var det samme som sidst. De tog imod mig med en fuldstændig overvældende kærlighed. Lægen, den fantastiske kirurg, Jacob, havde set i min journal, at jeg i weekenden havde været til en scanning på hospitalet. "Anne, fortæl nu hvad de har set". Jeg havde endnu ikke være til lægesamtale, men jeg havde også læst resultatet online. Jeg delte med dem. Knuden var skrumpet til halv størrelse efter to gange kemo. Wow. Sygeplejerskerne græd af glæde sammen med mig. Jeg var bare en patient, men med dem var jeg Anne, som de passede på og heppede på. Det var meget rørende. Jeg var dybt taknemmelig for den måde, de viste omsorg og kærlighed på. Og så var jeg klar til at blive opereret for anden gang.

Da jeg skulle hjem, var jeg helt rundt på gulvet. Jeg ringede efter min søster, som hentede mig. Dér havde jeg bare brug for at blive krammet. Det blev jeg ikke så meget, da coronaen og mit nedsatte immunforsvar satte sine begrænsninger for, hvor tæt jeg måtte være på andre mennesker, for jeg måtte helst ikke smittes med noget. Til gengæld husker jeg helt tydeligt de få kram, jeg fik gennem behandlingsperioden.

Der var sket ekstremt meget på bare én måned. Jeg følte helt klart, at jeg havde ramt mit indtil da laveste fysiske niveau. Det var hårdt og udmattende at forholde sig til så meget. Da jeg kom hjem fra hospitalet den dag, var jeg træt og sov meget. Jeg vågnede på et tidspunkt og mærkede, hvordan min krop ligesom lukkede sig i for noget, sådan som jeg lå på siden. Jeg vendte mig om på ryggen, åbnede op for brystet, lagde en krystal på mit tredje øje og armene ud til siden og sagde: "Jeg er klar. Hvad er det, jeg skal vide?" Flere forskellige tanker og syn kom ind. Passerede for mit indre øje. Jeg huskede kun få af dem bagefter. Men ét stod soleklart.

Jeg fik besøg af sygeplejerskerne, som jeg havde set på min sidste rejse. Dem, der flere gange havde vist sig for mig der. Jeg så dem nu igen i samme setting med hospitalssenge, gangene og deres sygeplejerskehovedbeklædning. De kom til mig og sagde: "Vi vidste godt dengang, at du var syg. Vi prøvede blot at sige, at vi nok skal få dig igennem. Vi passer på dig." Wow, tænkte jeg. De var engle og hjælpere på min vej. Alle dem, der bare havde værnet om mig og lagt sjæl i min pleje og omsorg. Jeg mærkede en varm og bevægende strøm igennem mig. Jeg gik ikke alene.

En lille uge senere oplevede jeg igen at vågne op, liggende på siden, og føle, at jeg var lukket i. Jeg måtte åbne op. Jeg vendte mig om på ryggen og lagde en krystal på brystet. For mit indre øje så jeg dem ude i horisonten. Skibe, der lå på rad og række. Ikke krigsskibe, men store sejlskibe, som taget ud af de gamle malerier. De lå tæt sammen derude. Ingen tvivl om budskabet. "Vi er klar til at forsvare dig." Højt og klart. Jeg fik igen vist, at jeg blev passet på.

Så derfor var jeg her, knap en måned efter den første behandling, på mit indtil da både laveste og højeste. Laveste fysisk. Højeste spirituelt. Jeg så, hvordan min modstand mod at slippe blev skubbet væk af min fysiske svaghed. Jeg orkede ikke, kunne ikke holde fast i styringen. Jeg fik hjælp til at slippe. Og deri blev min åndelige forbindelse styrket. Den fik plads. Min forståelse af denne sammenhæng stod klart. Jeg smilede af det. Det var vildt at opleve, og jeg var taknemmelig. Jeg vidste, at jeg ville snuble flere gange. Men jeg så nu også en vej. En vej, hvor jeg kunne rejse mig igen og gå med mest mulig værdighed og ro.

KAPITEL 4

DEN LILLE BØN

Når vi er under pres, er det uvurderligt at kunne
læne os ind i sunde vaner. For vi læner os altid ind i va-
ner, uanset om de er sunde eller ej. Og især under stress
eller pres er det ikke altid gode ting, der ellers kommer
frem. Men det, jeg oplevede, da jeg fik diagnosen var, at
jeg i høj grad havde sunde vaner og greb, som var så
dybt forankrede i mit livssyn og min måde at leve på
allerede, så jeg kunne læne mig ind i dem, netop nu
hvor jeg virkelig havde brug for det. Jeg kom ikke igen-
nem kun med smil, rosenblade og røgelsespinde, men
gang på gang blev jeg støttet af alt det, jeg havde åbnet
op for. Fandt styrke i den forbindelse jeg havde til det
univers og de guider, som passer på mig. Fandt støtte i
al den kærlighed, som er omkring os. Altid.

Min krise blev et forstørrelsesglas på, hvor jeg var
spirituelt, men synliggjorde og mindede også om, at alle
små skridt, gerninger og tanker har en berettigelse og
en effekt. At ikke alt behøver at være stort for at være
betydningsfuldt. I mange år søgte jeg opad for at få bud-
skaber og visioner uden at forstå, at den vigtigste

stemme findes inde i os selv. Jeg ved i dag, at jeg altid har haft adgang til at skifte energi og ændre mit indre landskab blot ved at vælge om. At jeg kan vælge lys fremfor mørke. Det kan vi alle. At se og forstå det oprigtigt er et kæmpe skridt. Og så er det vigtigt at minde sig selv om det. At tro på det og smile til det. Og gerne hver dag. En måde at forbinde sig til lyset og kærligheden kan være med en bøn. En bøn kan have mange former og formater. En bøn behøver ikke være omfattende eller kompleks. Den kan for eksempel tage form af taknemmelighed, som nok er den reneste og højeste frekvens. Det kan være en fin vej til at ændre ens energi og dermed det, man tiltrækker. Til at mærke ind i, hvad der vækker ekstra taknemmelighed lige i dag. Eller at være taknemmelig for at blive guidet gennem den uro, man måtte føle. Taknemmelighed over at blive støttet. Taknemmelighed, bøn, intention. Det kan være en god idé at mærke efter, hvilket perspektiv og hvilke begreber, som resonerer mest med én, hvor man er nu.

Min første erfaring med bøn stammer fra min barndom. Som lille lærte jeg en børneaftenbøn, som jeg sagde sammen med den, som puttede mig. Jeg havde ikke en speciel kristen opvækst. Som så mange var vi til gudstjeneste juleaften. Derudover var kirken et sted, jeg forbandt med kirkelige ritualer som dåb, konfirmation, bryllup og begravelse. Jeg husker også kirken for, at det var der, vi besøgte gravsteder for dem, som ikke var her længere. Som var fløjet op til himlen. Jeg er selv døbt og konfirmeret, men en egentlig kristen opdragelse har jeg ikke haft.

Men at bede en bøn var alligevel det, som jeg naturligt vendte mig mod, da jeg mødte kriser som lille.

Og også senere hen. Jeg husker at have bedt til Gud om, at noget skulle ske eller ændre sig. Noget jeg ønskede, noget jeg bad om. Og da min biologiske mor døde blev aftenbønnen en måde for mig at "ringe hende op" på. En forbindelse op til himlen, så jeg kunne tale med min mor, for det gjorde jeg gerne om aftenen, inden jeg skulle sove.

Med den baggrund har en bøn for mig altid været meget tæt knyttet til en bøn til Vorherre og traditioner som Fadervor. Noget religiøst. Den har været min trøst mørke stunder, eller når jeg var rigtig bange, men blev aldrig en del af et dagligt ritual i mit voksne liv. Jeg har ikke følt mig forbundet på den måde.

Gennem min spirituelle læring fik jeg et fornyet syn på en bøn. Jeg begyndte at opfatte den mindre "religiøst". Jeg åbnede op for, at jeg kunne bruge en bøn i min dagligdag på forskellige måder og i samarbejde med nye begreber, som kom til.

Bøn, intention og taknemmelighed blev værktøjer jeg brugte både på et terapeutisk og et mere åndeligt plan. Jeg kunne bede om hjælp til noget konkret. Jeg kunne bruge det til at skifte energi. Jeg kunne takke eller sætte en intention. Jeg brugte det også i forbindelse med terapeutiske rejser, som jeg tidligere har fortalt om.

Jeg har lært at bruge bøn til at skabe et rum, hvor jeg kan mærke ind i, hvordan jeg har det. Et fortroligt rum, hvor jeg kan skabe plads til ærlighed og lade ordene flyde uden kontrol.

Jeg har lært at mærke ind i, hvad jeg ønsker, i et samarbejde, hvor jeg også er åben for det ukendte. Hvor jeg stiller mig til rådighed i respekt for den vejledning, jeg har adgang til. Jeg samarbejder med universet – også gennem bøn. Jeg ser i dag, hvor vigtigt det har været at træde ind i, og ikke mindst, hvor naturligt det er blevet for mig.

De læremestre, jeg har trænet mest med, har lært mig at skabe en høj frekvens. Løfte en energi. Være den energi, jeg selv ønsker at tiltrække. Der er mange veje ind den lille forskel. Det kan have mange former. Jeg har forskellige ting, som jeg bruger og lytter til, alt efter hvad jeg mærker behov for. Med tiden har jeg dog lært at værdsætte daglige ritualer, og det som det giver mig. En daglig praksis kan noget særligt. Når det bliver en vane og en naturlighed. Et værdifuldt ritual. Der er noget tryghed og bekræftelse i det tilbagevendende ritual. En energi, som er nem at træde ind i.

Bali har en særlig plads i mit hjerte. Når jeg er der, elsker jeg at mærke og opleve deres inspirerende ceremonielle handlinger, som er en dybt forankret del af deres livsførelse. De daglige ofringer udføres med samme respekt, ægthed og taknemmelighed hver eneste morgen. Uanset hvordan dagen er startet. Uanset udfordringer. Uanset livet. Det starter med den smukke energi af taknemmelighed til guderne, forfædrene og ønsket om at bevare harmoni mellem mørke og lys. Og det omfavner alle. Det mærkes. Det er inspirerende og skaber en energi, som ikke bare er for "egen matrikel", men også breder sig til fællesskabet. Lys skaber lys.

Hver dag er jeg med til at skabe mit indre landskab og sikre, at det er sundt og godt. Jeg ønsker at være i lys og i en energi, som beriger mig og dermed beriger mine omgivelser. Der er både ting, jeg gør dagligt, og ting jeg gør, når det kalder på mig. Et lille dagligt tiltag er, at jeg har nogle påmindelser på min telefon, som jeg siger højt. Som hver dag minder mig om at fokusere positivt, skabe en positiv energi og styrker min tro på og tillid til, at alt sker for det bedste: "I am patient knowing that whatever is of the highest good is coming to me" og "I trust that I'll receive love and abundance beyond what I can ever imagine."

Men især et ritual var jeg meget taknemmelig for, var en fast del af min hverdag, inden jeg blev syg. Jeg har nemlig gennem de sidste fem år sagt den samme bøn hver dag. Med få tilpasninger undervejs og plads til små nuancer fra dag til dag. Men grundlæggende den samme. En bøn skabt med inspiration fra mentorer som Kyle Gray og Gabby Bernstein, og gennem min egen læring, stemme og behov. Mine egne kald. Jeg foretrækker at skabe en hyggelig ramme omkring den. At sige den som en del af mit faste morgenritual, hvor jeg er nærværende og tager mig tid til at mærke og lytte. Men er der en morgen, hvor jeg ikke har tiden til det hele, så springer jeg aldrig bønnen over. Jeg har sågar sagt den på vej til job på cykel. Og nogle dage bliver det ærligt talt en smule mere overfladisk end andre. Men den er og har været med mig hver dag gennem lang tid. Og det var rigtig rart at læne mig ind i, da tæppet blev revet væk under mig. For havde jeg først startet på en daglig bøn efter, at jeg blev syg. Havde jeg først dér skulle skabe en bøn, så havde den været helt anderledes. Jeg havde skabt den i en anden energi. Den havde været god og gyldig på sin måde, men helt anderledes. Og jeg er dybt taknemmelig for, at jeg allerede havde en bøn at læne mig ind i. For jeg kunne fortsætte et ritual og en stemning, der var tryg, velkendt og autentisk.

Jeg oplever ofte, at folk siger, at jeg har et særligt lys i mig. At de mærker et lys med min tilstedeværelse. For nylig blev jeg med fornyet perspektiv opmærksom på, hvordan jeg selv er med til at kultivere dette. Jeg mærkede forbindelsen mellem det, jeg blev mødt af, og det, jeg bad om. For det er noget af det, jeg takker for, mærker og beder om hver dag. Lyset. Jeg blev helt rørt. Min lille bøn, der hver dag minder mig om at se op, at mærke, at lytte. En påmindelse om at jeg har et samarbejde med noget helt unikt. At jeg er dybt taknemmelig. At jeg vælger lyset.

Min bøn er delvist på dansk og på engelsk. Jeg har valgt ikke at oversætte de engelske passager, da det er sådan den resonerer med mig, og da jeg ikke føler, jeg kan ramme den samme følelse på dansk.

Kære Univers, Guider, Mor, Engle, Gud, Father Sky, Mother Earth.
Tak for at være hos mig. Tak for at give mig den viden, jeg har brug for. Jeg er villig til at lytte.
Tak for at give mig lyset som mit fundament hver dag.
Tak for at skabe en lysboble omkring mig hver dag, som beskytter mig mod udefra kommende negative eller tunge energier, så jeg ikke tager dem ind, men i stedet kan møde også dem med lys og kærlighed.
I'm the keeper of my body and mind.
Wherever love is present, fear is a stranger.
And love is here. (her klapper jeg altid let med hånden på mit hjerte)
Kærligheden er i mig.
Lyset er i mig.
And so it is.
And with a body free from fear, I can breathe, grow and stay healthy.
I let it go, I let it flow.
And with a body filled with love I can trust that I will receive love and abundance beyond what I could ever imagine.

I am safe
I am whole
I am love
I am
Me
Thank you.

Hver dag forbinder jeg mig. Jeg er i taknemmelig-hed. Jeg mærker lyset. Jeg læner mig ind i min tro og tillid til universet.

KAPITEL 5

AT FINDE VEJEN GENNEM EN KROP OG SJÆL I SMERTE

Jeg var meget alene. Jeg var meget i naturen. Mine kanaler var åbne. Jeg overtænkte ikke så meget. Jeg *var*. Jeg var opmærksom på at overgive mig selv til universet. At være i tillid til det. *Surrender and then surrender more.* Mit fokus skulle være på mig selv, min healing og min behandling. At få mig igennem dette bedst muligt og med mest mulig kærlighed til mig selv.

Det var svært at mærke min krop "blive syg" i forbindelse med en behandling, som skulle gøre mig rask. Den følelse gav ikke rigtigt mening. Samtidig skulle jeg også håndtere efterbehandling, ugentlige kontroller og heling oven på mine operationer. Listen over bivirkninger voksede dag for dag. Helt overordnet mærkede jeg, hvordan min krop gradvist blev invaderet, blev svækket, blev træt og føltes gammel. Og jeg kunne ikke blot dele det op i fysisk og spirituelt. Der var så mange lag, som var i flow med hinanden: Fysisk, energetisk, mentalt, spirituelt og emotionelt. Det bølgede ind i hinanden, og jeg måtte derfor kigge i forskellige retninger for at få støtte undervejs. Deri bar jeg på en vigtig læring fra min udvikling: At række ud, når jeg ikke kunne selv. Det var jeg ikke særlig god til i det daglige med "almindelige" opgaver. Når dagligdagens udfordringer blev lidt for store, når en opgave føltes for tung, eller når jeg godt kunne have brugt at være to om at bære en kasse i stedet for én. Men når det handlede om mere emotionelle eller spirituelle ting, var jeg blevet rigtig god til det. Jeg vidste, at jeg nogle gange kunne have brug for en translatør, en spejling. Det havde jeg særligt brug for i denne tid. Så jeg opsøgte hjælp, også fra nye mennesker, da mine behov og min kapacitet ændrede sig løbende. Jeg syntes, det var svært at rumme det hele. Jeg var også bevidst om, at der ikke var mange, jeg rigtigt kunne tale om det med. Det var også lidt overvældende at gå ind i. At skulle sætte ord på.

Mine evner til at modtage budskaber og fornemme retninger havde udviklet sig markant i årene op til, at jeg blev syg. Jeg havde faktisk haft svært ved at tage det hele ind og vænnede mig til at sortere i det. Jeg lærte, at jeg ikke skulle forstå eller bruge det hele. Samtidig prøvede jeg at være åben for, at det var tiltænkt mig. At det var rigtigt. Jeg øvede mig i at acceptere, at jeg ikke behøvede at få det valideret af andre. Jeg husker tilbage på det som både spændende og forvirrende. Som en del af min rejse skulle jeg finde ud af, hvordan det passede ind i min udvikling. Hvordan jeg omfavnede det og hvordan, eller om, jeg ville og kunne dele det med andre.

Jeg husker stadig tydeligt, da jeg begyndte at forstå, hvordan jeg kommunikerede spirituelt. Det skete under et ophold på Mallorca, der bød på dybe meditationer og indsigter, som bidrog til min øgede accept af min evner og min forbindelse. Det gik op for mig, at jeg ikke længere kun var "en lærling", men faktisk begyndte at finde min egen ramme, mit eget ståsted og en dybere forståelse af min spirituelle kommunikation. Jeg oplevede også, at jeg nu kunne spejle andre og bidrage til samtalen med tillid til det, jeg mærkede. Jeg husker især, hvordan jeg blev opmærksom på det med "at kunne se". Jeg spurgte, hvordan andre oplevede det "at se". For jeg søgte selv at kunne se. At få visuelle budskaber. Jeg forstod pludselig, at jeg primært hørte og følte, og at der deraf kunne komme noget til mig visuelt. Billeder, der skabtes i mit indre, som følge af det jeg hørte og fornemmede. Men at jeg sjældent så som det første, og jeg forstod, at det ikke var et mål i sig selv "at se", da det er forskelligt, hvordan vi modtager. Det var for mig et kæmpe gennembrud at forstå, hvordan det fungerede for mig. At stole på min måde at modtage på.

Nu fik min forbindelse til at se og høre virkelig plads. Jeg havde brug for den støtte, jeg fandt deri. Jeg var mere åben og mere trænet i det. Jeg forstod og accepterede det bedre. Jeg tror, at netop accepten var afgørende. Samtidig var det også overvældende. Jeg mærkede alt det lys, der strømmede gennem mig og omkring mig i denne tid, meget dybt. Det var lidt surrealistisk. Jeg talte med en række gode mennesker om det, og det hjalp mig til bedre at rumme det og tage imod. Jeg var ikke i tvivl om, hvor væsentlig det var for min rejse, at jeg havde denne dimension. Også at jeg havde værktøjerne til at søge både opad og nedad. Min kontakt til naturen var stærk og holdt mig rolig og groundet. Jeg gik lange ture hver dag. Den stigende træthed, den såkaldte fatigue, stoppede mig ikke.

Tværtimod føltes det, som om jeg gik trætheden væk. Jeg nød roen og trådte ind i den med hele mit væsen. Moder Natur holdt mig nænsomt i sin favn. Jeg talte med hende og takkede for de smukke omgivelser, hun bød ind med. For de små mirakler, der viste sig hver dag, når lyset brød igennem om morgenen, og når solnedgangen farvede himlen om aftenen. Alle de dyr, som kom forbi som stille gæster. Det var så naturligt for mig i denne periode at værdsætte dette ekstra meget.

I starten af marts oplevede jeg et øjeblik, der ramte mig med en dyb forundring over den ro, jeg mærkede. Den daglige træning i at slippe. Slippe behovet for at styre, for at vide, hvor det skulle ende, eller hvad jeg styrede imod. Jeg gik tur på stranden og hørte ordene: "For the first time I'm not chasing my destiny". Jeg fik en følelse i kroppen af total frihed. Total hengivelse i tillid. Tillid til, at alt bliver, som det skal. Jeg grinede, mens tårerne løb. Det gik op for mig dér, at der havde været en indbygget jagt, uden at jeg vidste det. En jagt på "the end goal". Hvor skulle min fortælling ende? Jeg havde måske sluppet kontrollen og været mere åben for, at jeg ikke kunne se vejen, men der havde stadig været en jagt efter et purpose. Mit purpose. Og for mig stod det pludseligt klart, lige der, at jeg havde jagtet en forståelse af min retning i en grad, der faktisk havde begrænset mig. Budskabet var så klart for mig. Det her var et helligt øjeblik af tryghed, tillid og visdom. Ro. Og det viste mig, hvad det rent faktisk vil sige at give helt slip. Det var en følelse af vægtløshed. Frihed. Lethed. Forblev jeg så i den tilstand fra dette øjeblik og for altid? Nej. Men lige her forstod jeg, hvad det handlede om. I min afmagt og træthed var jeg havnet i total frihed.

Det med at slippe var for alvor blevet en del af min begrebsverden otte år tidligere, da jeg første gang læst bogen "The Universe Has Your Back". Med årene blev jeg bedre til det. Blev bedre til at se det ske. Til at mærke, når jeg holdt for hårdt i tøjlerne og så slippe dem. Men den følelse, jeg blev vist og mærkede denne dag, var, og er stadig, en læremester for mig. Mange gange gennem min sygdom og behandling havde jeg brug for at tappe ind i den følelse og minde mig selv om, hvor dejligt det var at være i min krop lige dér. For at gå den vej igen. Og jeg oplever oftere og oftere, at det er sådan, jeg har det. At det er dér, jeg oftest befinder mig nu.

Jeg vidste tidligt, at jeg skulle transformeres gennem en total nedbrydning. Det fornemmede jeg med det samme. Men jeg havde ikke begreb om, hvad der ventede, hvordan det ville folde sig ud, og hvor voldsomt det ville blive. Allerede inden diagnosen havde jeg fået utallige tegn på, at en transformation var på vej. Jeg havde endda gemt et billede af en sommerfugl som skærm-billede på min telefon. Et symbol på den forvandling, der ventede. Uden at kende omfanget af den rejse, der ventede på mig. En komplet transformation. Ligesom sommerfuglelarven, der nedbrydes fuldstændigt for at blive til en sommerfugl. Der er kun plads til én i pup-pen. Forvandlingen må derfor gennemleves alene. Uden at andre er med eller forstår.

Og det, at jeg ikke blev forstået, var svært. Jeg ville gerne både udtrykke og forklare mig, men det føltes næsten umuligt. Der var så meget, jeg tog ind. Samtidig begyndte mine egne formuleringsevner at svækkes. Mine kognitive evner blev påvirket, og min kapacitet blev presset. Jeg oplevede, at det blev svært at svare her og nu, fordi ordene, jeg hørte, skulle gennemgå en længere proces inde bagved. Jeg havde svært ved at følge med i det naturlige flow for en samtale. Det var utilfredsstillende ikke at kunne svare fyldestgørende, mens den stod på. Møder og interaktioner med andre fortsatte i mig længe efter, at vi skiltes, og den proces var trættende. Jeg begyndte derfor at øve mig på forskellige svar forud for samvær med andre, så jeg havde et lille arkiv at trække på. Det gjorde mig mere sikker i sociale relationer og samtaler med andre, omend jeg stadig kæmpede med udfordringerne.

På grund af corona var der begrænset adgang til hospitalet, og jeg tog derfor til alle behandlinger alene. Det betød, at der var meget, jeg oplevede og skulle bearbejde på egen hånd. Min indre verden ekspanderede på alle måder. Der var så meget, der skulle finde sin plads inde i mig. Energier, mennesker, sjæle, farver, lyde og indtryk. Jeg oplevede, hvordan min krop blev ændret på alle planer, samtidig med at den blev udsat for en række indgreb, som jeg ikke syntes, den fortjente. Alene de mange blodprøver og stik i armen. Sygeplejerskerne, der iført beskyttelsestøj, gjorde kemoen klar, som også skulle ind gennem armen. Ind gennem blodårerne og dybt ind i min krop. Jeg havde heldigvis altid haft "gode blodårer", så det var et godt udgangspunkt. Men det var også sørgeligt at opleve dem blive slidt, brugte og trætte. Til sidst i forløbet talte jeg rigtig meget med dem. Jeg aede dem blidt og bad dem tilgive mig. Bad dem om at holde ud til det sidste. Og de holdt. Jeg mærker stadig, hvordan jeg følte, at jeg svigtede dem, og samtidig var dybt taknemmelig for, at de holdt ud.

"I dag blev jeg pludselig lukket ind i et andet menneskes meget private og intime sfære. En medpatient i kemo-rummet.

56

Hun kunne ikke gå, så måske derfor, at samtalen med lægen foregik der. Der var blot et forhæng imellem os. Hun havde modstand på at komme på hospice til genoptræning. I hendes verden var det et sted, man er for at dø. De sagde, at mange kommer hjem igen og i bedre form, end da de kom dertil, og så talte de om status på hendes hofter. Hun kunne ikke se formålet med operation. "Jeg skal dø inden to år og gider ikke bruge det ene på genoptræning" – sagt med bævrende stemme og stor sorg. "Jeg har besluttet mig, det vil jeg ikke." De lyttede ikke rigtigt til hende.

Jeg prøvede mentalt at forlade det, men under min meditation ville smerten ikke slippe mig. Var det hendes smerte? Min egen frygt? Handlede det om det faktisk slet ikke var ok, at jeg overhørte samtalen?

Da jeg gik, følte jeg, at jeg ikke skulle se på kvinden. Ikke træde reelt ind i hendes private rum. Men jeg havde mest lyst til at kramme hende. Endnu en skæbne blandt mange, der krydsede min vej, satte sit spor, bevægede mit hjerte."

Fra mine noter

Min søster og jeg havde talt om, at det ville være godt at tage nogle billeder af mig, inden jeg måske kom til at se mere syg ud på det ydre. Det gjorde vi. Efter jeg mistede håret, men mens mine øjenbryn og vipper stadig var intakte. Det blev billeder, som støttede mig på min rejse. Jeg så mig gennem min søsters linse, men jeg så også ind i mine egne ærlige øjne. Ind i min sjæl. Jeg husker, at jeg på et tidspunkt lukkede øjnene og forestillede mig mine guider, min mor og engle svøbe mig ind i deres vinger. Et sted og en fornemmelse, der var kommet til mig under en guidet meditation om at være et trygt sted. Hvor jeg var holdt. At kunne lukke øjnene og træde ind i den fornemmelse støttede mig meget. Jeg mærkede dem igen lige der. Det billede betød ekstra meget for mig.

Jeg tog faktisk mange billeder af mig selv undervejs. Det hjalp mig både til at huske og bearbejde mine oplevelser. Når jeg kigger tilbage på dem nu, ved jeg stadig præcis, hvordan jeg havde det den dag. For min tilstand, både fysisk og på det indre plan, blev naturligvis spejlet i det ydre. Mit skaldede hoved var én ting, men jeg mistede også mine øjenbryn og øjenvipper. Det var faktisk værre for mig. Mine øjenbryn havde altid været naturligt sorte. Uden dem blev jeg "mere syg" at se på. Det føltes desuden som et indgreb på min femininitet. Jeg lærte at tegne øjenbryn, og det blev hurtigt en del af min daglige "påklædning". Det hjalp mig til at finde et spejlbillede, hvor jeg bedre kunne genkende mig selv. Men også i mine øjne og mit blik, i spejlet såvel som på billederne, så jeg forandringen. Jeg så, hvordan min indre verden og alt det, som rørte sig i mig, blev spejlet. Alt det, der blev lagret. Transformationen, der var i gang.

Jeg var meget glad for mit team på Rigshospitalet. Nogle af dem havde en mere faglig og "klinisk" rolle end andre. Lægerne fokuserede primært på behandlingen og den medicinske strategi til møderne. De mere bløde emner eller yderligere opfølgning på bivirkninger drøftede jeg som regel med min sygeplejerske bagefter. Lægesamtalerne blev til et rum, hvor jeg blev taget med på en mere nøgtern samtale. Her var fokus på behandlingsplanen, hvad resultaterne af prøver viste om min krop, og om noget skulle ændres. Selvom lægerne var empatiske, var det ikke et terapeutisk rum. Det skulle det heller ikke være. Alligevel var det nogle gange svært for mig, at jeg ikke kunne bringe de fornemmelser og indsigter, som var kommet til mig mere spirituelt, ind i samtalen. At bringe det mere med ind i mit syn på, hvordan min krop havde det. Jeg prøvede nok heller ikke. Jeg tror ikke, jeg følte, der var plads til det, og jeg søgte helt naturligt andre personer at dele denne del af min opfattelse med. Jeg delte heller aldrig helt med hospitalet, hvordan jeg havde fået vist knuden. Hvordan det var kommet til mig. Og dermed hvorfor jeg faktisk ikke var bange for at dø af det. Den skulle jo bare ud. Da først jeg var en del af "systemet", var der ingen synlig eller bevidst bro mellem det videnskabelige, rationelle og medicinske spor og det mere spirituelle, intuitive og følte spor. Den manglede. Det havde været dejligt, omend jeg forstår, at det endnu ikke findes generelt. Undervejs mærkede jeg det dog som en decideret konflikt i mig. Jeg blev bedt om at træffe beslutninger og give svar, hvor jeg ville ønske, at jeg kunne have bragt mit perspektiv til bordet. For og imod, hvad det nu handlede om. Men jeg var selv utryg ved at stå ved mine evner. Eller følte i hvert fald, at det var et forum, hvor der ville blive kigget underligt på mig, hvis jeg delte. Hvor jeg skulle stå ekstra stærkt, selvom jeg følte mig svag og træt. Det var klart mit ansvar, at jeg ikke engang forsøgte. Og det spejlede helt tydeligt, hvor jeg var i forhold til at turde og orke at sætte ord på min spirituelle tilgang i et ikke-spirituelt miljø.

Samtidig var der ting, der gik så stærkt, at jeg bare blev taget med. Jeg vidste jo, at knuden skulle ud. Men da jeg først fik at vide, at den var aggressiv, at den kun kunne mindskes gennem kemobehandling, og at det skulle gå stærkt. Da jeg havde set og mærket den vokse inde i mig på blot en uge. Da det pludselig blev en diagnose – kræft – i mig. Lige der stillede hverken jeg eller nogen omkring mig spørgsmålstegn ved den foreslåede behandling. Det undrer mig lidt nu. Og så alligevel ikke. Jeg sad jo der, helt forsvarsløs. Hjernen var på totalt overarbejde, og systemet var under maksimal overbelastning. Både mit eget system og mine pårørendes. Og over for mig sad en virkelig kyndig person, som sammen med et panel af eksperter havde vurderet, hvordan de bedst muligt kunne gøre mig rask. Jeg stillede på ingen måde spørgsmål ved det. Strategien med kemoen var jo også effektiv. Den beslutning kan jeg stadig ikke se i dag, at jeg ville have ændret på. Men ingen spurgte. Ingen bad om en timeout. Jeg bad ikke om en timeout. Jeg er i dag også ret sikker på, at mine guider ville have larmet, hvis det havde været forkert. De var dog helt stille på det tidspunkt. På den del. Helt stille. De havde fokus på at støtte mig. At skabe sikkerhed og gøre mig tryg. Men det var en udfordring gennem forløbet ikke at have denne balance åbent med i mine samtaler. Og jeg kunne ønske, at jeg havde følt det nemmere at tage hele Anne, hele mig, med til bordet.

Planen var, at jeg skulle have 16 kemobehandlinger i alt. Efter de fire første omgange, som var med cirka tre ugers mellemrum, skiftede jeg til en anden type behandling. Min krop fik en lidt længere pause end normalt imellem de to, da mit immunsystem var ret svækket. Det var så dejligt at få lov til at hele lidt mere i fred. Både fysisk og mentalt. Jeg mærkede allerede her, at min krop havde brug for ekstra omsorg og støtte. Med den nye kemo blev det til en ugentlig behandling i 12 uger, såfremt immunsystemet kunne følge med. De korte intervaller føltes i sig selv lidt voldsomt, men blev den nye rytme, jeg skulle finde en vej igennem. Undervejs i den intravenøse behandling skulle jeg bruge kølehandsker og -futter, der skulle bidrage til at mindske nerveskader i hænder og fødder. Behandlingen varede i to timer.

Min oplevelse var, at der indtraf en smerte efter 45 minutter med kølehandsker og -futter på. Og først en halv time senere begyndte den at aftage. Jeg var stolt de første gange over, at jeg holdt smerten ud. Jo, Kemo Kasper trådte mig meget over tæerne her, men jeg havde også en tro på, at nedkølingen havde effekt. Hver uge skulle jeg udfylde et spørgeskema om eventuelle bivirkninger, og med særlig fokus på netop brugen af kølehandsker og -futter. Størstedelen af spørgsmålene handlede derfor om følelsesforstyrrelser i hænder og fødder. Kan du holde på et krus? Oplever du dropfod? Kan du træde på pedalerne i bilen? Et ugentligt spejl på at denne behandling kunne føre til potentielt store udfordringer. Et ugentligt sug i maven, der gjorde mig meget bevidst om at takke min krop for at være stærk og vælge en vej uden frygt.

Det var dog voldsomt og overgribende at gå ind til dette hver uge. Efter tre omgange af denne kemo var min krop bare ked af det. Jeg var ked af det, som jeg udsatte min krop for. Den bad om fred og kærlig omsorg. Og jeg gik alligevel hver uge til denne smertefulde behandling. Jeg følte mig simpelthen så trist over det i alle lag. Jeg søgte hjælp fra en healer, som jeg tidligere havde brugt. Jeg tænkte, at det var en vej. At min krop kunne blive healet midt i alt det, som jeg udsatte den for. Hun tog imod med en hastetid. Vi talte om min situation og det, jeg følte. Hun mærkede ind i min krop for at heale mig. Men svaret hun fik, det hun mærkede, var ikke, at min krop skulle heales. Min krop var faktisk stærk og kunne sagtens klare det. Men min sjæl led. Min sjæl skreg på kærlighed og omsorg. Det, jeg mærkede, var ikke min fysiske krop, der skreg. Det gav mening. De kan ikke skilles ad, men de er stadig lag, som kan adresseres forskelligt. Og jeg var så optaget af at dulme den smerte, jeg oplevede i min fysiske krop, at jeg ikke tydeligt så alle lagene. Vi talte om, hvem der kunne hjælpe mig med det. Hun så en særlig kærlighedsrelation fra år tilbage, men med en helt unik sjælelig forbindelse. Og jeg mærkede det. Jeg havde modstand på at kontakte ham, da han ikke kendte til min tilstand. Men samtidig var jeg så langt i knæ, at jeg var villig til at række ud efter hvad som helst, der kunne hjælpe mig. Så det gjorde jeg – efter lidt overvejelser. Den relation havde engang været meget stærk. Der var en tydelig årsag til, at vi mødtes dengang. Hvor jeg var på min rejse. Hvad vi skulle lære af hinanden i det møde, og hvorfor vi ikke skulle være sammen. Men vores sjæle havde stadig en forbindelse. Nu hentede jeg hjælp ind. Og han stillede op. Han krammede mig indtil min sjæl føltes blød, helet og holdt. En særlig forbindelse, en omsorg, en fysisk nærhed, jeg ikke havde haft i måneder, kom lige der og gav min sjæl det, den hungrede efter. Jeg tog imod uden dårlig samvittighed over min sult. Jeg var taknemmelig over den vej, jeg havde fået hjælp til at se.

Det gav mig også overskud til at finde måder, der gjorde det lettere for mig at tage både min sjæl og krop med til de ugentlige behandlinger, som føltes så svære at gå i møde. Den øvrige hjælp var i form af et ugentligt "heppekor" fra to veninder, der skrev til mig om morgenen, inden jeg skulle på hospitalet. "You can do it. Go Anne, det er en god dag. Du kommer igennem med kærlighed." Bare opmuntrende og trøstende opbakning. Jeg mærkede, at det var uoverskueligt svært at stå der alene om morgenen og holde en positiv energi. Deres støtte var uvurderlig. Og den ene morgen, hvor jeg havde stået i køkkenet grædende, hulkende, fordi det var for svært at heppe på mig selv. Hvor jeg virkelig følte mig lille og alene. Dem var der ikke flere af. Deres støtte gjorde, at det ikke skete igen. Og så var der endnu en vigtig ting. Jeg sagde jo, at Gabby Bernstein ville hjælpe mig på mere end en måde. Og lige i den uge var der en "walking meditation" i den ugentlige inspiration fra hende.

Jeg lyttede til den på tur i skoven og mærkede, hvordan den fik alle følelser, tårer og energier til at flyde i mig. Den løsnede op i hele mit system, så tårerne fik frit løb i et forløsende flow. Jeg lyttede til den tre gange i træk. Derefter vidste jeg med sikkerhed, at jeg også skulle lytte til den næste gang, jeg fik kølehandsker og -futter på. Under behandlingen gik jeg med denne ind i en dyb meditativ tilstand. Jeg kom nærmest i en slags trance, i et flow, hvor jeg bare sad og rokkede. Jeg lyttede den igennem tre gange under behandlingen, hvilket passede med den halve time, hvor smerten var værst. Meditationen gav mig et fokus – et rum – hvor jeg kunne komme i en tilstand, der næsten føltes som at være ude af kroppen. Det var præcis det, der hjalp mig igennem resten af behandlingerne.

Nogle gange var behandlingen mindre intens end andre, men denne praksis blev mit anker. Kun én behandling husker jeg som særlig voldsom. Her kom jeg så langt ud, at jeg måtte "reddes" af en sygeplejerske. I min tranceagtige tilstand havde jeg ikke fantasi til at stå af, stoppe det og tage lufferne af. At sige fra. I min trancetilstand mærkede jeg en helt klar og skræmmende tanke: Jeg tvivlede på, at min venstre hånd nogensinde ville blive normal igen. Jeg græd som pisket. Med åben mund skreg jeg – uden lyd på. Den dag var min engel min sygeplejerske, som kom ind i rummet, så mig og handlede. Hun tog handsker og futter af, gav mig varme på og sagde roligt: "Det er vist nok is for dig i dag." Udmattende. Magtesløshed. Grænseoverskridende. En af mange oplevelser, som satte ar på sjælen og på nervesystemet. Som satte sig i alle lag af kroppen. Og som blev en del af det, der skulle heales på, efter at al behandling var slut.

Gennem alt dette blev noget af det vigtigste for mig den referenceramme og forståelse, jeg nu havde af mine opdagelser og følelser. Alt det, som jeg havde med fra min egen healing og spirituelle rejse. Den energi, jeg kunne møde andre med. Den tilgivelse, jeg mærkede, var så nødvendig. Alt det, jeg måtte slippe. Alt det, jeg havde været igennem, så jeg havde åbnet op. Som jeg nu kunne se, havde gjort mig klar til det, jeg skulle igennem. Et skridt ad gangen havde jeg givet mig selv en gave, ved at gå den vej, der kaldte på mig, uden at vide hvor den førte mig hen.

Når jeg ser tilbage nu, kan jeg stadig være forundret over alt det, jeg var i stand til at høre, mærke og se. At det kunne folde sig ud for mig selv i en tilstand, hvor min krop, sjæl, mit nervesystem, min verden på alle måder var under beskydning. Mens der skete alt for meget på én gang. Mens der var alt for meget at bearbejde. Mens der blev tæret på alle mine kanaler. Jeg er taknemmelig for, at jeg havde skabt min forbindelse *inden* mit massive "før og efter".

Jeg var på en vej med mange hjælpere i alle mulige farver og former. Det var ingen lige vej, men hjælpen var der. Og jeg var i stand til at være tilstede med en bevidsthed derom. Bede om hjælp, når jeg havde brug for det. Modtage, når det blev budt mig. Og være åben for, at det, som jeg ikke kunne se, ville komme til mig. Jeg oplevede dagligt en dyb taknemmelighed for det, som skete omkring mig. Alle de sjæle, der tændte lys på min vej. Det var smukt, også når det var svært. Især når det var svært.

KAPITEL 6

DER VAR IKKE KUN LYS

Der var ikke kun lys. Der var også mørke øjeblikke.
Der var sorg. Jeg var overvældet på alle måder. Fysisk,
mentalt, emotionelt.

Jeg husker en dag, hvor jeg bare blev ramt af følel-
sen: Hvem har brug for mig? Hvem kæmper jeg for?
Der var ingen, som havde brug for mig. Ingen familie,
ingen børn, der var afhængige af mig, eller som ville
blive forladt, hvis jeg ikke var her mere. Jeg var elsket.
Jeg ville blive savnet. Men der var ingen, som havde
brug for mig. Det var en virkelig svær følelse at gå ind
i. Men det skulle jeg. Jeg græd. Jeg var både fortvivlet
og forvirret. For jeg følte jo ikke, at jeg skulle dø. Jeg
vidste, at jeg ikke skulle dø. Men alligevel var der en
ubehagelig følelse, som lå og lurede. Hvem kæmper
jeg for? For jeg kæmpede. Jeg kæmpede for at komme
igennem en behandling, en proces, som nedbrød mig
lidt efter lidt. Og selvom jeg vidste, at det var en trans-
formation, så var det også en oplevelse af at være i
opløsning.

Gennem de næste uger blev denne følelse mere og mere fyldig. Den tog mere og mere plads i mig. Jeg blev bevidst om, at jeg var igennem den ultimative test af selvkærlighed. For jeg forstod godt, at jeg ikke skulle kæmpe for andre. Jeg skulle kæmpe for mig. Der behøvede ikke være andre, som var afhængige af mig, for at jeg havde en plads i denne verden. Jeg skulle have lyst til at være mig, elske mig, kæmpe for mig. Jeg skulle ikke måle mit værd i, om andre ville savne mig, når jeg en dag ikke var her mere. Men følelsen forsvandt ikke bare. Jeg kæmpede med det ind imellem alle de andre ting, som jeg navigerede rundt i. Og dette mørke, denne sorg, mødte jeg kun, når jeg var alene.

Jeg er så taknemmelig for, at jeg blev guidet til en forståelse og den støtte, som jeg havde brug for. At jeg turde være i mørket med disse svære tanker og følelser. Og ikke mindst at jeg var i stand til at stille spørgsmål til hvorfor. Hvorfor havde jeg det sådan? Jeg vidste, at der var noget, jeg skulle se eller forstå. At jeg skulle gå den vej og samtidig vide, at jeg kunne holde lyset tændt. Jeg var taknemmelig for evnen til at stille spørgsmål fremfor at gå i panik, selv når jeg var i et dybt hul i mørke og famlede for at finde vej. Taknemmelig for at jeg havde mødt det før i livet. At jeg havde lært at stille spørgsmål til det, jeg mærker og føler. Lært at se, at hvor der er modstand, er der ofte en sandhed eller et spejl på noget, som kan hjælpe mig.

Jeg får ofte budskaber fra mine guider i form af citater, musik og sange. Nogle gange er det bare ordene i en titel, der bærer et budskab, som jeg skal forstå. Andre gange må jeg google for at finde meningen og få det fulde budskab. En dag hørte jeg ordene: "As I walk through the valley of death". Jeg genkendte det som et citat fra Bibelen, men blev lidt skræmt af ordet *death*. Jeg var jo ikke dødsangst – eller var jeg? Nej. Men der var noget, som prikkede til mig. Noget, jeg skulle forstå. Så jeg slog det op.

"Psalm 23 reminds us that in life or in death – in times of plenty or want – God is good and worthy of our trust. The psalm uses the metaphor of a shepherd's care for his sheep to describe the wisdom, strength and kindness of our God". Even though I walk through the valley of the shadow of death, I will fear no evil, for you are with me; your rod and your staff, they comfort me."

Jeg mærkede en lettelse over, at det var "the valley of the shadow of death" og ikke bare "valley of death". Det gav faktisk mere mening for mig. Og på dansk lød teksten: "Selv om jeg går i mørkets dal, frygter jeg intet ondt, for du er hos mig, din stok og din stav er min trøst."

Jeg skulle vide, at jeg blev passet på. At jeg ikke gik alene. Det handlede helt rigtigt ikke om død, men det mørke, jeg havde mærket – der, hvor jeg var helt alene. Hvilket jeg ikke var. Men når mørket var stærkest, føltes det sådan. Det skulle jeg huske og holde fast i. Det var det, jeg skulle høre. Jeg så og forstod også der, at der var et mørke, som jeg godt måtte se og mærke. Som var en del af min rejse. At det ikke var det samme som at give op eller tro, at jeg skulle dø. Det var et mørke, som også skulle være her. Min gave her var, at jeg så det, mærkede det, og vidste, at jeg kunne vælge lyset igen. At min frygt aldrig kunne være større end at jeg kunne søge tilbage til kærlighed. Til lyset. "Choose love over fear". At jeg kunne læne mig ind i kærligheden til mig selv. At *jeg* var min årsag til at kæmpe. Årsagen til at være. Til at leve.

Jeg fornemmede, at mange troede, at jeg inderst inde var bange for at dø. Min oplevelse var og er, at mange tror, at alle, der får kræft, frygter døden. Frygter at dø af det. Flere omkring mig var bange for, at jeg skulle dø. Da jeg blev erklæret kræftfri, sagde mange til mig, at det måtte være fantastisk at slippe for den frygt. Men jeg var aldrig bange for at dø. Det var nemlig ikke døden, som bankede på min dør. Det var livet. Det var livet, som bankede på min dør.

KAPITEL 7

AT VÆLGE
I FRYGT ELLER KÆRLIGHED

Under behandlingen var der mange samtaler på hospitalet, og på et tidspunkt begyndte snakken også at dreje sig om operationstyper og genetisk udredning. De ønskede at udrede mig for at få mest mulig viden til at vurdere den rette operation og eventuel videre behandling – ud fra et medicinsk synspunkt. Først her i forløbet forstod jeg, at det ikke var sikkert, jeg skulle have en brystbevarende operation. For hvis det viste sig, at jeg var genetisk disponeret for brystkræft, ville anbefalingen være en fjernelse af hele brystet – måske endda begge.

Dér stak historien fra min biologiske mor frem. Av, det var sårbart. Jeg så med det samme tydeligt for mig den ene gang, jeg havde set arret på hendes bryst. Arret fra det bryst, som blev fjernet. Det var printet på min 10-årige nethinde. Det stod lysende klart igen. Jeg var helt klar over, at hvis jeg skulle have brystet fjernet – hvis det virkelig skete – så skulle jeg have hjælp. For jeg kunne ikke være i at se det samme ar på mig. Det viste min krop og mit system mig med al tydelighed. Jeg var i et stort ubehag. Jeg valgte dog at vente med at tage det videre. Vente på, hvordan det foldede sig ud, inden jeg gik mere ind i det. Men lige der mærkede jeg, hvor dybt et ar det stadig var på sjælen. Jeg så det, og jeg satte ord på det til en betroet, så der var en, der kunne gribe mig i det, hvis det blev nødvendigt. Jeg var helt bevidst om, hvor ekstremt sårbart det var.

Jeg sagde nu ja til at blive genetisk udredt, da det handlede om at skabe klarhed over mine muligheder i det videre forløb. En klarhed, jeg følte mig parat til at tage imod. Det viste sig, at jeg ikke var bærer af de særlige gener, der primært forbindes med arvelig bryst-kræft. På grund af min historik og profil valgte de dog, med min accept, at foretage en mere omfattende og dybere analyse, så de kunne få mere indsigt før en anbefaling.

Dagen for den sidste kemobehandling var en kæmpe milepæl i mit forløb. Det var en følelsesladet dag, og jeg var fast besluttet på at fejre det, selvom jeg var både træt og udkørt. Det betød meget at mærke ind i, at min krop ikke længere skulle kæmpe sig tilbage hver uge efter behandling, men at den fremadrettet ville få ro til at hele. Til at genfinde styrke. Det var et skifte, jeg havde set frem til længe. Det var vigtigt at fejre det bevidst, da jeg næsten var for træt til rigtigt at forstå og sætte pris på det. Men lige den dag fik jeg ikke mit ønske om "et frirum til fejring" opfyldt. For netop som jeg kom hjem fra hospitalet, fik jeg en opringning fra den genetiske læge. De var nu klar med den meget detalje-rede og dybe genetiske udredning og dermed en endelig vurdering af mig og min profil med alle de faktorer, der skulle inddrages i et samlet billede. Hun tog mig igennem det hele og gav mig ud fra deres konklusioner input til, hvad jeg skulle overveje, når jeg skulle træffe mit valg. Ingen anbefalinger, ingen facitliste, men en snak om risiko, procenter, muligheder og diverse faktorer, som jeg skulle bruge til at vælge. For ja, jeg fik lov til at vælge, hvilket jo nærmest er uhørt, når man taler hospitalsvæsenet. Men fordi min profil og risiko ikke var helt entydig, blev jeg inddraget.

Jeg havde allerede talt med kirurgen om de valg, jeg så som mulige for mig. Hvad jeg kunne se mig selv være i – som menneske, som kvinde, som mig. Der var to scenarier. Det ene mere indgribende end det andet. Det ene var en brystbevarende operation, det andet en fjernelse af begge bryster men med samtidig rekonstruktion. At opleve et fladt bryst, som det kaldes, når det er helt fjernet, det kunne jeg bare ikke. Det var et 100 % nej i min krop. Nu var de sidste oplysninger kommet på bordet. Nu skulle jeg træffe en beslutning.

Jeg blev igennem dette konfronteret med en af de største konflikter, som jeg oplevede mellem den medicinske, videnskabelige tilgang til min operation, og min indre tillid til det, jeg havde fået at vide. Det jeg mærkede. Det var jo blevet sagt til mig af de engle, der var hos mig, at vi skulle have hjælp til det sidste. Den skulle bare ud. Så det var jeg ikke i tvivl om. Det pegede mest på en brystbevarende operation. Men på dette tidspunkt var jeg så tyndslidt på alle måder. Min sjæl, min krop, mit hoved, min styrke. Selvom jeg satte pris på at få et valg, føltes det også helt urimeligt, at jeg skulle træffe en så stor en beslutning i denne tilstand.

Isoleret set var det sådan, at hvis jeg fik fjernet brysterne helt, ville risikoen for tilbagefald være mindst mulig. Det var den dialog, jeg sad i på hospitalet. Det var det, de sagde. Men hvorfor skulle vi nu tale om tilbagefald? Den skulle jo bare ud. Hvis jeg valgte en brystbevarende operation, så skulle jeg efterfølgende have strålebehandling. Dette for at sikre, at der ikke var en lille cancercelle, der slap væk. Men den skulle jo bare ud. Jeg ville ikke have stråling. Det føltes helt forkert. De få mennesker, jeg nævnte det for, reagerede på en måde, så jeg mærkede deres frygt for, at jeg ville få tilbagefald. At de ønskede, at jeg gjorde alt for at være på den sikre side. Jeg forstod godt, at det var i kærlighed, at dette skinnede igennem. Men det betød også, at jeg stod meget alene med beslutningen.

Min krop var et stort nej til stråling, men på hospitalet lød svaret: "Du gør det jo for at være på den sikre side. Og måske vil du fortryde, hvis du ikke gør det. Det behøver ikke at være så slemt." Og for første gang i mit behandlingsforløb lod jeg en beslutning blive truffet i frygt og ikke i kærlighed. I afmagt over, hvad der måske kunne ske. Tanken om, at jeg måske ville fortryde, var voldsom. Og min krop, den tilstand jeg var i, gjorde, at jeg slet ikke kunne overskue tanken om at skulle igennem dette igen. Men det skulle jeg jo heller ikke. For den skulle jo bare ud. Jeg græd, spurgte, pendulerede og mediterede. Jeg var ikke i tvivl og alligevel brugte jeg alle de værktøjer, jeg havde i kassen, for at finde min vej. Inderst inde var den helt tydelig for mig, men jeg havde virkelig svært ved at holde den frygt væk.

Jeg valgte en brystbevarende operation. Den beslutning tog jeg, fordi jeg hørte ordene: Vi skal bare have hjælp til at få den ud. Her lod jeg min krop, min indre stemme og mine guider fortælle mig, hvad jeg skulle vælge. Det føltes som et klart ja. Men jeg gennemgik også tre ugers stråling. Det var ikke bare nemt. Det var faktisk voldsomt. På flere planer. Og det gjorde jeg, fordi jeg var bange for at fortryde, hvis jeg ikke gjorde det. Det var simpelt. Den del af dialogen havde ført mig ind i en frygtbaseret beslutning. Min krop, mine guider og min indre stemme sagde klart nej, men jeg overbeviste mig selv om, at jeg skulle sige ja. En beslutning taget i frygt. Ville jeg have truffet en anden beslutning, hvis jeg skulle gøre det om i dag? Jeg har lyst til at sige ja, det ville jeg. Ikke mindst fordi jeg i dag kender de konsekvenser, det har haft for min krop. Jeg er ikke sikker. Men mest af alt ville jeg ønske, at der havde været plads til dialogen. At jeg var blevet mødt med forståelse for, at det var ok at være nysgerrig. At jeg var blevet støttet i at stille spørgsmål til, om det var det rigtige for mig. Og ikke bare fordi der måske var en løbsk celle. Det tror jeg i dag ikke, at der var. Den skulle nemlig bare ud.

Jeg er bevidst om, at det nok er det eneste, jeg har fortrudt i forhold til mit forløb og behandlingen. Det eneste, min krop var så afklaret med. Som jeg blev guidet til ikke at gøre – og som jeg valgte ikke at lytte til. Det er måske lidt nemt at sige nu. Jeg lærer stadig. Men jeg har lært at være meget mere opmærksom på, hvad min krop svarer. Min indre stemme. Det jeg bliver guidet til. Hvis jeg i dag ikke kan mærke et klart svar, så venter jeg med at tage en beslutning.

Og den, der skulle ud – knuden – den var faktisk væk. Pete blev drevet ud af min krop af kemoen. Inden behandlingen gik i gang, fik jeg sat et iod-korn ind i centrum af knuden, så de kunne se dens placering på scanninger gennem hele forløbet. Jeg var jo blevet MR-scannet efter to behandlinger, hvor den var skrumpet til halv størrelse. Knap fem måneder efter første behandling blev jeg scannet igen. Under MR-scanningen kan man høre nogle lyde, nogle trommeagtige rytmer. Mens der scannes, skal man ligge helt stille og nogle gange holde vejret. Jeg fandt en måde at gå ind i rytmerne på, som hjalp mig ind i en dyb meditativ tilstand, hvilket gjorde det nemmere at være i. Og så hørte jeg det. Altså helt tydeligt. Stemmerne, der talte lidt som rumpenisserne i Ronja Røverdatter: "We can't see him anywhere. We can't see him. It's because he's gone." Jeg var helt klar over, hvad de mente. Jeg begyndte at kluk-le, men måtte bremse mig selv, da jeg skulle ligge helt stille. Tårerne trillede, og jeg grinede indeni. Jeg turde jo næsten ikke tro på det. Jeg sagde det ikke til nogen. Allerede dagen efter kom svaret online. Ja, jeg læste alt nu uden lægens tolkning. Svaret var helt tydeligt: Total remission. Det var intet synligt tilbage. Mine små rumpenisser kunne ikke se Pete, fordi han var væk. Den besked holdt jeg for mig selv i to dage, inden jeg delte den med andre. Det var simpelthen så rart at kunne mærke ind i det alene, uden at skulle forholde mig til andres reaktioner, spørgsmål og tanker om de næste skridt. Og når jeg lukkede øjnene, kunne jeg mærke græsset mellem tæerne og solen på min hud. Smilende. Grinende.

Der blev talt meget ind i frygt på hospitalet. Især nu da behandlingen nærmede sig sin afslutning. Både indirekte, som jeg oplevede det i forbindelse med operationen og strålingen, men også direkte. Det er meget almindeligt, at man bliver lidt utryg, når man efter et langt og intensivt behandlingsforløb pludselig ikke længere har ugentlige aftaler på hospitalet, hvor man har været under opsyn. Man vænner sig faktisk til at blive valideret gennem blodprøver hele tiden. Det, man gerne vil slippe for, er samtidig blevet en slags tryghed. I en tilstand hvor jeg var virkelig nedslidt, mærkede jeg også denne overgang. Denne mærkelige utryghed. Jeg fik at vide, at jeg skulle reagere, hvis noget føltes unormalt. Men alt føltes jo unormalt. Jeg kendte ikke til, hvad der var normalt nu. Det var svært. Jeg lænede mig ind i min tillid til, at min krop ville tale et tydeligt sprog. At jeg ville blive hjulpet til at høre det vigtige. At jeg kunne lytte.

"Det er helt normalt at være bange for tilbagefald." Det var jeg bare faktisk ikke. Det fyldte ikke i mig. Jeg havde mærket ind i frygten og taget én beslutning i netop denne. Men jeg fornemmede ikke, at jeg skulle den vej. Det var ikke det, jeg brugte min energi på. Alligevel blev jeg gentagne gange konfronteret med det. Jeg oplevede, at hospitalet ikke rigtig anerkendte, at det ikke fyldte for mig. Som om de ikke troede på, at jeg ikke var bange. Eller blot var så vant til at frygt var en del af dialogen i denne fase, at de ikke stoppede. Det påvirkede mig. Jeg begyndte at blive bange. Jeg blev bange for at blive bange. Jeg havde lovet mig selv, at frygt, sorg og tristhed aldrig mere skulle have lov til at tage permanent ophold i mig. At det var en del af mit job at sikre, at det ikke skete. At jeg måtte gøre, hvad der skulle til, for at slippe det. Jeg husker, at jeg lå i min seng. Jeg var ked af det. Mærkede frygten for frygten. Jeg lukkede øjnene og hørte ordene "Let it go, Let it Flow". Og så så jeg det for mig. Hvordan det løb ud af min venstre arm, lige under albuen, ned langs siden af armen og dryppede ned fra spidsen af lillefingeren. Så det gjorde jeg dér. Og det har jeg gjort siden. Kigget frygt, sorg og tristhed i øjnene. Og derefter sluppet det og lade det flyde væk. Ud af mig. Let it go, Let it Flow. Den dag fik min morgenbøn en tilføjelse: "And with a body free from fear, I can breathe, grow and stay healthy. I let it go. I let it flow."

Jeg bruger forskellige ord og beskrivelser, når det handler om at se eller høre guider og budskaber. Det er nemlig ikke det samme hver gang – det kan føles forskelligt. Og jeg bruger derfor de ord, som giver bedst mening for mig. Det er noget, jeg har åbnet op for med tiden. Der er mange måder at opfatte det på. Om det er sagt, følt, set eller fornemmet. Alt er muligt. Det vigtigste er, at du er åben for det og har tillid til det, du mærker, ser og forstår. At du lærer at navigere i det. Det kan tage tid, og det er ikke ens for alle.

Jeg var i stand til at modtage budskaber, før jeg blev syg og skulle igennem dette massive pres. Men jeg havde først sådan rigtig fundet min vej i det gennem de sidste par år op til dér. Det tog tid for mig at finde ud af, hvordan det var for mig. At give mig hen til det. Og jeg er ret overbevist om, at det var en fordel, at jeg havde lært at navigere i det gennem i flere år inden. Måske havde jeg været mere klar, end jeg tror. Måske havde jeg alligevel fundet vej. Måske havde mine guider og andre hjælpere råbt højere, og så havde jeg hørt dem alligevel. Jeg var stadig blevet hjulpet. Men jeg ved, at det havde været sværere. At mindre var kommet til mig direkte, og mere havde jeg haft brug for oversættere til.

Gang på gang oplevede jeg følelsen af, at jeg var blevet rustet til det, jeg var igennem. Det fyldte mig med den største taknemmelighed for den vej, jeg var gået. For alt det, der gjorde, at jeg kunne møde min krise med en ballast, der hjalp mig til at stå oprejst, selv når jeg følte, at alt var ved at smuldre.

KAPITEL 8

ET ANDET SLAGS MØRKE

Jeg mødte også et andet slags mørke, som jeg var nødt til at anerkende. En vrede og en sorg. Begge følelser, som jeg begyndte at mærke tre måneders tid efter, at jeg fik diagnosen. Det var som om, at der blev frigivet noget plads på dette tidspunkt til at kapere dette også. Til at mærke dette også. Kom de hver for sig? Kom de hånd i hånd? Nok begge dele. Jeg gik meget med lyset og var helt klar over, hvor støttet jeg var gennem min oprigtige taknemmelighed og opmærksomhed mod alle dem jeg mødte, alle dem som hjalp. Alle dem som krydsede min vej, lige når jeg havde brug for det. Samtidig oplevede jeg en strøm af budskaber og støtte gennem mine guider. Budskaber, som jeg følte mig meget heldig over, at jeg kunne mærke, se og høre. Jeg mediterede meget. Det var helt klart noget, som blev næret ekstra gennem mit medlemskab hos Gabby Bernstein. Det med at have en form for spirituel wingman, der holdt mig i gang med nye meditationer og fokus hver uge. Det kunne jeg virkelig læne mig ind i. Og set i bakspejlet var det uundværligt. Jeg havde dog også andre mentorer, som inspirerede mig i dagligdagen. Som længe havde været med til at holde mig i frekvensen. Med til at holde mig i en dialog, et sprog, en tilgang, som helt naturligt støttede op om min spirituelle kontakt og praksis. Nu var det hele med til at holde mig i hånden og styrke min forbindelse til min sjæl, mine guider, min vej. Noget jeg trygt kunne støtte mig til nu.

Når jeg ser tilbage i mine noter, så er der så mange budskaber og erkendelser, der kom til mig i mine meditationer. Og som støttede op om budskaber, der kom til mig på andre måder. Meget kom til mig under mine lange gåture. Jeg søgte også hjælp og støtte undervejs hos forskellige behandlere. Men det var ofte, fordi jeg selv var klar over, at der var noget, jeg skulle hjælpes med. At jeg havde arbejdet med det inden. Jeg havde ikke en decideret meditationspraksis i min bevidsthed, inden jeg blev syg. Hvilket i sig selv er interessant, for ofte kan man snuble lidt i begreber og formater. Og en gåtur kan helt sikkert være en meditativ oplevelse for mig. Min morgenpraksis med bøn var også et meditativt rum. Men fordi jeg havde nem adgang til guidede meditationer hver uge og processer deri, ja så blev det mere tilgængeligt for mig. Mere bevidst. Og det blev nemmere at se det som et værktøj til at finde ro, samt svar på det, der skulle ud.

Jeg blev nok lidt bange, når mørket sneg sig ind på mig. Jeg har tidligere nævnt, at mørke i sig selv ikke er noget dårligt. Det er her for at bevare harmonien. Yin Yang. Balance. Men jeg mærkede nogle gange en utryghed i at gå ind i det. Jeg var nok lidt bange for at forsvinde ind i det. Men jeg fandt ud af, eller blev bekræftet i, at det er en fuldstændig legitim del af vores følelsesregister. Der er intet farligt deri, så længe vi ser det. Og jeg mærkede et mørke. Jeg var vred. Jeg har sidenhen fortalt om dette til enten pårørende eller folk i behandling. Advaret om at det sandsynligvis kommer og vil kræve plads. Alle uden undtagelse er kommet retur til mig og har sagt, at det mærkede de også ske. Det er så vigtigt at give plads til det. Jeg var vred over ikke at blive forstået. Jeg var vred over alt det, som blev taget fra mig. Jeg var ikke vred over at være blevet syg. Jeg var vred over de konsekvenser, det havde. Nu og på sigt. Jeg var vred og irriteret over ikke at kunne være i vreden. Slå. Sparke. Råbe. Jeg havde næsten malet mig op i et hjørne. Det var store følelser, som jeg ikke havde skabt plads til. Jeg følte også, at jeg skulle tage hensyn til andre, som udelukkende ville mig det godt.

Jeg opgav at forklare, hvordan det var i mig, fordi jeg ikke havde hverken ord eller referenceramme til at forklare det helt for andre. Og når jeg alligevel prøvede, så prøvede de at forstå på deres bedste og mest kærlige vis. Jeg sagde ikke fra, når andre projicerede en misforstået forståelse over på mig. Men jeg mærkede. Jeg mærkede, at nej, de forstod ikke. De kunne ikke forstå. Og jo længere jeg kom i forløbet, jo sværere blev det bare at tage imod folks gode intensioner.

For jeg mærkede ikke blot vrede og irritation over ikke at kunne forklare, hvordan det var, men også over, hvordan andre troede, at det var. Andre der kom med forklaringer på, hvordan det var i mig. Mange projicerede deres egen forståelse for det at have kræft, det at være træt, det at få behandling. Og mange projicerede deres frygt i deres tolkning. Deres egen frygt for at dø. Alt imens jeg ikke var bange for netop det. Uanset hvor rent et hjerte, det kom fra, så mærkede jeg min indre modstand vokse. Vrede. Og jeg mærkede stor konflikt i ikke at være i stand til at rumme dem i kærlighed, samtidig med at jeg ikke kunne finde ud af at sige fra. Jeg mærkede også behov for at give plads til at være ulykkelig og oprigtigt føle ind i det. Jeg var igen bange for at give mig ind i noget negativt, noget mørkt. Jeg kunne godt se, at jeg havde haft behov for at vente lidt med at gå ind i det. At mit system havde haft fokus på at komme positivt igennem de ekstremt voldsomme omvæltninger, som jeg havde været igennem de første måneder. Men nu kom også det op til overfladen og ville ses.

"Jeg har brug for et sted, hvor jeg godt må være ulykkelig. Hvorfor har jeg brug for det? Jeg vil jo ikke være ulykkelig. Er det fordi jeg mærker, at jeg ikke længere kan overskue det? Er jeg for meget i, hvad andre forventer nu? Bange for at indrømme at det er svært. Bange for at falde i et negativt hul, hvis jeg ikke slipper det dårlige. Hvis jeg nævner det, jeg er ked af. Savner. Kan ikke overskue det. Alle kommer med løsninger, når jeg siger noget. Jeg har brug for et frirum - hvor jeg må sige alt. Hvordan skaber jeg det? Med hvem kan jeg det? Har jeg brug for en person eller kan jeg skabe det rum selv? Ej, jeg har brug for en der kan aflaste. Hvem? En der forstår min tilgang og behov – også i forhold til det spirituelle. Jeg har brug for hjælp.

Jeg mærker sorg over den retning, jeg troede skulle være, ikke bliver.

Få lov til at være ulykkelig. Har malet mig op i et hjørne. Svært at være et tungt sted da alle roser min positive tilgang. Tror andre finder trøst i det. Så der er hensyn i ikke at bryde sammen. Hvordan håndtere det? Eller netop ikke håndtere det?

Kan jeg være ked af det uden at miste troen. Ja, det er ok. I'm only human."

84

Jeg mærkede. Jeg bad om hjælp til at finde vej. Jeg forstod, at jeg godt kunne være ked af det uden at miste troen. At det var i orden at give efter. Det var ikke det samme som at give op. Og da jeg havde mærket ind og forstået det, rakte jeg ud til min terapeut, som jeg vidste kunne gribe mig lige der. Jeg skrev til hende. "Jeg er nået et sted i min proces, hvor jeg mærker sorgen over at slippe det, jeg troede skulle være. Hvor jeg har brug for et sted, hvor jeg kan sige alt det jeg har i mig af frygt, vrede og frustration uden hensyntagen. Jeg er i den vildeste transformation og denne udrensning, er en del af det. Vil du skabe dette rum for mig?" Det ville hun. Og det gjorde hun. Det var forløsende, udrensende og nødvendigt. Og jeg var taknemmelig – både for at kunne mærke ind i det, arbejde med det selv og have visdommen til at række ud til den rette, fordi jeg havde brug for hjælp til at gå en vej, der blev vist så tydeligt.

Det kan for nogen lyde frelst, når man taler om at vælge lyset frem for mørket. Kærligheden frem for frygten. Det har jeg selv oplevet. Men det er blevet til en bevidsthed, som jeg anerkender. Som for mig er essentiel, uanset hvilke ord man bruger om det. Der er intet galt i at mærke vrede, misundelse, afmagt, sorg, uvilje. Det er naturligt, og det er vigtigt, at vi giver det plads. Men det er et bevidst valg, hvordan vi går det i møde, og hvordan vi ændrer energien i det. Nogle gange er det muligt, blot med en bevidst tanke, at skifte den med det samme. "Jeg vælger kærligheden". Uden at det kræver mere. Andre gange er det et spejl på noget, som kræver, at vi går mere ind i det. At vi får renset ud. Det smukke er, at det også er et valg i nuet – og dermed en mulighed for et skifte i energien i det. Allerede nu.

Mørke følelser som frygt og vrede kan nemt blive stagnerende energier, som blokerer for et sundt flow i kroppen. Vores indre landskab trives så meget bedre i kærlighed. I lys. Der kan være mørke, hvor der er lys. Og der kan altid være lys, hvor der er mørke.

KAPITEL 9

MIN SPIRITUELLE VEJ

Det har været vigtigt for mig at dele min historie om, hvordan min spirituelle erfaring og læring blev uundværlig for mig, da jeg blev syg. Fordi jeg så, at den vej der åbnede sig for mig, lagde sig på det fundament, jeg havde skabt inden. Det fundament og den forbindelse, som jeg allerede kendte, mærkede og fandt styrke i. Det var afgørende ikke blot for, hvordan jeg kunne navigere gennem krisen, men også for den vej, jeg fandt bagefter. For jeg er ikke i tvivl om, at jeg kom igennem mit forløb, denne livskrise, med mere lethed og lys, end jeg ellers havde kunnet. Mere, end hvis jeg ikke havde haft min spirituelle opvågning inden. Og den fortælling jeg havde fået. Men det var stadig ikke nemt. Det var ikke uden frygt og tvivl. Jeg var på så mange måder sårbar og skulle betræde stier, jeg ikke havde gået på før. Men findes der overhovedet en blid vej gennem smerte? Nej, det tror jeg ikke. Og ja, det tror jeg alligevel. For perspektivet på det, som livet byder os, kan vi godt selv påvirke. Kan vi have en holdning til. Kan vi bringe en tro ind i. Kan vi vælge, hvordan vi møder. Jeg havde gennem min rejse fået en tilgang, en værktøjs-kasse og en referenceramme, som var anderledes end den, jeg havde "før". Før hvad? Vi gror jo gennem hele livet og ofte i faser og bølger. Og det er forskelligt, hvad der er behov for. Alt efter hvem vi er i dette liv, som nogen vil beskrive det med. Jeg kalder det alt efter det, som kalder på dig.

For mig startede det, da jeg var omkring enogfyrre. Min nysgerrighed på selvudvikling, spiritualitet, og det at forholde sig til energier begyndte at fylde mere. Jeg begyndte at have anderledes samtaler med blandt andet min søster, som også havde åbnet sig mere for det spirituelle. Vi var sammen på Bali i 2014, som straks var et sted, jeg følte en særlig forbindelse til. To år senere var jeg knækket sammen med stress. Jeg følte ikke, det kunne løses, så jeg sagde mit job op. Og der var kun ét sted, som kaldte på mig. Bali. Jeg tog afsted igen. Min søster tog med. På denne tur oplevede jeg nogle markante åbninger. Besøg hos healere, der åbnede op for min egen proces og min egen healing. En dyb åbning af mit hjerte. Jeg var nysgerrig. Jeg syntes, det var spændende at træde ind i en spirituel oplevelse, forbindelse og fortælling. Men jeg tror ikke, at jeg på det tidspunkt helt forbandt det med en healing af egne sår, egen forståelse, egen arv. Min tilgivelse af det, som andre og livet havde budt mig. Af de ting, jeg havde budt mig selv.

Jeg valgte på denne tur at blive lidt ekstra tid alene på Bali. I min egen energetiske åbning begyndte universet at vise mig, at intet var tilfældigt. De mennesker, jeg mødte. De ting, der skete. Jeg var så positivt overrasket over, hvor meget der skete for mig, når blot jeg kiggede op. Når jeg lagde mærke til det. Her mødte jeg mennesker, som var på en højere vibration. Som talte om energier og hvordan det føltes at være her fremfor at spørge til baggrund og arbejde. Det var dejligt at blive mødt på den måde. Det føltes rart og hjemligt. Jeg skabte forbindelser i en anden energi, og flere af dem er jeg taknemmelig for stadig at have en særlig kontakt til i dag.

Udover den hjerteåbning, jeg oplevede, var der et andet møde, en anden hændelse, som blev afgørende for min videre spirituelle rejse. En amerikansk pige, som jeg siden da har haft en helt særlig forbindelse til, brugte orakelkort. Hendes var nogle englekort. Det tiltalte mig. Og en af de sidste dage før jeg skulle afsted til Danmark, spurgte jeg, om hun ville trække kort på mig. Det gjorde hun. Tre kort. For fortid, nutid og fremtid. Og nutidskortet stirrede på mig. "Sadness". Det handlede om sorg. Jeg forstod det ikke. Jeg var ikke ked af det. Mærkede ikke sorg. Mærkede kun modstand på det. Nå, det var nok bare, hvad det var. Jeg kom glad hjem fra Bali. Havde haft en fantastisk tur, og følte mig ... ked af det. Jeg forstod det ikke. En trist følelse indeni. Jeg købte de samme kort, som pigen på Bali havde og trak et kort med intentionen om at få det at vide, som jeg havde brug for. Jeg trak præcis det samme kort. "Sadness". Det og andre hændelser, andres indsigter og fornemmelser, faldt over hinanden som alt andet end tilfældigheder. Som en vej, der åbnede sig. Og jeg mærkede, at jeg havde brug for hjælp til at forstå, hvad der var i mig. Det, som blev vist så tydeligt. Noget sorgfuldt. Det ledte mig til en terapeut, som kunne skabe et rum, som var det rigtige for mig på det tidspunkt. Hun arbejdede med flere former for terapi og havde også en spirituel tilgang. Og hendes logo indeholdt noget, som var et tegn for mig. Intet var jo tilfældigt. Det var en bevidsthed, der groede i mig, og gav mig en virkelig rar fornemmelse. At kunne se disse perler på en snor. Tegn på en retning. Det var virkelig en positiv støtte.

Dengang blev jeg sat på sporet af en nødvendig healing i mig – en healing, der var blevet åbnet op til gennem en hjerteåbning på Bali, gennem mennesker, som blev sat på min vej med budskaber, og gennem mit system, som jeg nu bedre kunne mærke. Gennem at være opmærksom og lytte. Det var ikke det, jeg egentlig forbandt med en spirituel åbning, men det var det, som begyndte. Gennem at heale mine sår, mine uforløste følelser og sorgfulde dele af mit liv, som jeg aldrig rigtig havde set, var jeg på vej til at åbne for meget mere.

Den sommer trådte jeg ind i et terapeutisk forløb, hvor jeg skulle tilbage og møde min biologiske mor og mig selv, *før* hun blev syg. Søge en ny forståelse af, hvem hun var. Hvordan hun havde det. Forstå, hvad jeg havde kunnet mærke som barn. Hvordan min mor bar på sorg. Jeg fik støtte af min familie med alle de spørgsmål, som jeg havde og oplevede også derigennem en varm healing. Og oplevede også en ny bro mellem mine mødre – min biologiske og min nye mor.

Jeg var i en proces, som tog mig igennem nogle for mig nye terapeutiske værktøjer, og som åbnede op til det, jeg mærkede og fornemmede, at jeg skulle. Åbnede op for, at jeg selv kunne træde ind i en mere åndelige verden, som del af min egen healing. At jeg kunne møde min biologiske mor med en nyfunden forståelse af både hende og mig selv. At jeg kunne åbne op og mærke min sjæl. At jeg kunne heale i vores møde. At vi begge kunne heale. Det var helt nyt for mig overhovedet at kunne være i dette rum, på denne opdagelsesrejse ind i svære følelser og åbenbaringer, men det føltes naturligt nu, hvor jeg blev guidet på min vej. Dette var det første store skridt for mig ind i en mere spirituel forståelse og accept af livet. Det var i denne tid, at mit sprog, min ordbog, for alvor begyndte at blive udvidet. Derfra var det ikke blot en opadgående kurve af spirituel oplysning, som fulgte, for sådan er det ikke. Sådan var det ikke for mig. I mange år oplevede jeg også, hvad der føltes som konflikter, der opstod mellem den mere "verdslige" Anne, som gik på arbejde, festede, havde "almindelige samtaler" med venner og familie, og så den Anne, der samarbejdede med universet, mærkede nye ting og passede på sine energier. Den Anne, der af flere omgange måtte gå i processer med dyb healing, selvom det jeg ønskede, var en åbning opad.

Det var altid et ønske for mig at mærke den guddommelige tilstedeværelse. At jeg ville få kontakt til noget udover denne verden. At jeg ville kunne høre, se og modtage budskaber. Og jeg følte det nogle gange som en bremse, når det jeg fik, var et spejl på noget, jeg skulle heale. Se i øjnene. Jeg gad ikke rigtig blive ved med at rydde op, men jeg kunne alligevel mærke hver gang, at det var nødvendigt. Og jeg begyndte at acceptere, at jeg ikke selv bestemte retningen.

På min vej har der været mange oplevelser og møder med mennesker. Sjæle, som trådte ind i mit liv. Sjæle, der trådte ud. Når jeg kigger tilbage nu, har jeg haft mange læremestre. Nære relationer, som også var søgende eller åbne. Uventede møder, som satte sit præg på hver sin måde. Intense relationer, som spejlede, hvor jeg var, lige der. De forskellige terapeuter, som over flere omgange hjalp mig i min healing. Forfattere og inspiratorer. Livet.

Meget af det, jeg har skullet heale på, har haft tråde til det at miste min mor i en tidlig alder. Jeg har altid været bevidst om, at det var en del af mig. En del, jeg har haft god forbindelse til. Som der altid har været plads til at tale om. At det selvfølgelig havde påvirket mig. Men jeg har også haft modstand på, at det havde defineret, hvem jeg var. Men gennem min åbning og healing blev der åbnet ind til min indre stemme. Min sjæl og de følelser, der aldrig blev forløst. Den sorg, jeg bar på, fordi den simpelthen var for stor at gå ind i som lille pige. Dengang min mor døde, var der slet ikke den opmærksomhed på rådgivning og støtte til familier, som findes i dag. Selvom vi "kom igennem", var der, med den viden og forståelse for sorg, der findes i dag, helt naturligt ar på min sjæl, som påvirkede, hvordan jeg navigerede videre i livet. Hvordan jeg mødte verden. Hvordan det påvirkede mine mønstre. Den forståelse blev jeg nødt til at se. Og jo mere jeg healede, jo mere åben og modtagelig blev jeg. Jo mere kunne jeg høre min egen sjæl og stemme. Jo mere kunne jeg åbne op for guider, engle og andre, der støttede mig åndeligt. Jo mere fandt jeg andre mennesker, som jeg kunne dele samtaler om alt dette med.

Men det var svært at sætte ord på i mange sammenhænge. I mange relationer. Jeg husker, hvordan jeg brugte et billede på den "konflikt", jeg oplevede: Kunne jeg gå i både stilletter og klip-klappere? Det gjorde jeg, men det var nogle gange lidt svært. Nok fordi jeg ikke følte mig helt tilstede, eller som jeg ser det nu, fordi jeg ikke var tro mod mit indre. Det, som kaldte. Men jeg var på vej. Alene det at mærke konflikten var jo en del af rejsen.

Jeg blev ved med at rejse meget til Bali. Jeg begyndte også at skabe og importere nogle produkter hjem. Jeg havde det virkelig rart, når jeg tog derud. Det var meget nemmere for mig at være i den energi, som jeg mærkede der. Og jeg var meget inspireret af de mennesker jeg mødte. Den samhørighed, jeg oplevede. Jeg var nysgerrig og åben på en anden måde. Fri. Og jeg tog mere og mere af det ind i mit liv. Det blev en større del af den, jeg var. Og hvordan jeg var over for andre. Uanset hvor jeg var.

Jeg fik en bevidsthed om, at universet var noget, som jeg kunne samarbejde med. At jeg havde en tro på det. At jeg havde tillid til, at der sker det, som skal ske. Det med at kalde det universet kunne jeg godt være i, uden at andre syntes, det var for mærkeligt. Troede jeg selv da. Det var nok mit eget forbehold, der skinnede igennem der. Jeg havde selv svært ved at bruge ordet Gud. Også selvom det i en spirituel sammenhæng beskrives som en altomfavnende kærlig energi, som jeg absolut kan forholde mig til. I bøger, talks, cirkler og andre sammenhænge om personlig og spirituel udvikling bliver det ofte understreget, at det er valgfrit, om man vil kalde det Universet, Great Spirit, Divine, Gud, Engle, Energier eller hvad der nu resonerer med én. Så det netop ikke bliver en barriere. Universet, det resonerede med mig fra starten af. Det gør det stadig. Omend jeg i dag har tillid til at kalde det for lige præcis det, jeg hører eller mærker det er.

Jeg søgte også oplevelser, som tappede mere ind i et spirituelt miljø, en spirituel tankegang. Det oplevede jeg blandt andet ved at deltage i cacao-ceremonier, gongbade, fuldmånearrangementer, kirtan-sang, forskellige former for healingscirkler og yoga. Jeg læste bøger og fandt mine egne mentorer undervejs. Min nysgerrighed på englekort, krystaller og energihealing førte mig til læremestre inden for de felter. Og jeg har uddannet mig på min vej inden for det, som kaldte. Men det var svært for mig helt at favne det. Det var noget, jeg gjorde ved siden af min mere kommercielle arbejdsrelaterede hverdag. Og når jeg gav den gas i weekenden, var det ikke denne del af mig, som fik mest plads. Jo, der var helt klart en slags konflikt i mig omkring, hvordan jeg skulle kombinere de to sider af mig. En konflikt, som var en klar spejling af en ubalance i mig.

I 2019 gik jeg ned med stress for anden gang. Denne gang var der én tæt på mig, der opfordrede mig til at sygemelde mig. Det gjorde jeg. Og da jeg først havde taget dette skridt, mærkede jeg, hvor skidt jeg egentlig havde det. Jeg blev guidet til en ny terapeut, som selvfølgelig var lige den, jeg skulle møde nu. Jeg kom i en god proces med hende og indså hurtigt, at jeg var nødt til at sige mit job op. Det var ikke foreneligt med mig at vende tilbage.

Jeg fornemmede der, at det var nu, jeg skulle en anden vej. Tænkte at den branche, jeg var i, det tempo, det foregik i, gang på gang spændte ben for min dømmekraft i forhold til, hvor langt jeg kunne strække mig. Der opstod ubalance. Jeg måtte passe bedre på mig selv, og jeg kiggede i andre retninger for at finde min nye vej. En kær ven spurgte pludselig, om jeg kunne hjælpe freelance, hvor hun var. Samme branche. Jeg sagde ja. Det var jo "blot" på freelance-basis. I første omgang i tre måneder. Og de virkede som virkelig søde mennesker. Der var en god energi på stedet, med gode mennesker og stærke værdier. Jeg var helt tydelig omkring mine arbejdstimer. Jeg fortalte dem, at jeg kun havde fire dage til rådighed, hvoraf den ene skulle være hjemmefra. Jeg nævnte også, at jeg om onsdagen uddannede mig inden for Orakelkort og visdom om engleenergi. Det var et kæmpe skridt for mig at dele dette i en forretningsmæssig relation. Jeg husker faktisk, at jeg syntes, det var sejt og modigt af mig.

Jeg endte med at blive på denne arbejdsplads i meget længere tid – stadig på freelance-basis. Med god styring over min tid og i god balance. Men vigtigst af alt med meget mere af hele mig selv. Jeg blev der faktisk helt frem til den dag, hvor jeg måtte ringe og fortælle, at jeg var blevet syg. I starten var der dog stadig en lille del af mig, som søgte ud. En ny retning. Jeg besøgte også nogle venner i udlandet med det klare motiv at mærke efter, om det kunne være et sted for mig at bo. Jeg kom dog hjem derfra med en tydelig fornemmelse af, at jeg havde en abe på skulderen. En abe, der ville følge med mig, uanset hvor jeg var. Noget, jeg måtte se i øjnene. Den var der, men jeg vidste ikke, hvordan den så ud.

Det var denne fornemmelse, som førte mig til min første MDMA-rejse. Første gang jeg fik hjælp af denne form for terapi. Jeg ville så gerne have en rejse op. Til universet. Til engle. Til noget guddommeligt. Indsigt gennem en spirituel oplevelse, som jeg misundte andre at have oplevet. Også i andre kontekster, altså uden for MDMA-terapi. Jeg ønskede mig så meget op i de højere lag, at jeg faktisk, set i bakspejlet, lidt glemte alt det, jeg allerede oplevede og mærkede. Jeg kaldte det noget andet. Min indre stemme var jo i fuldt flor. Min krop talte til mig. Min sjæl havde fået lyd på. Mine indre konflikter afspejlede budskaber. Jeg var allerede i kontakt og blev guidet. Men jeg spejlede mig mere i, hvordan andre oplevede det, end i mine egne oplevelser.

Jeg er meget ydmyg, når jeg nu tænker på, hvordan jeg blev guidet hertil og videre til den næste MDMA-rejse et år senere. Når jeg tænker på, hvor meget af min healing gennem min spirituelle åbning og personlige rejse, der har handlet om min biologiske mor. Om at have mistet hende. Om ikke at have haft en fortælling med mig, der handlede om de ting, jeg mærkede på hende fra før, hun blev syg. Da vi "bare" var mor og datter. Da jeg var helt lille. Og hvordan det var lige dér, hvor jeg blev forladt. Mistede. Hvordan jeg klarede mig igennem det. Håndterede det. Efterfølgende. Gennem årene. Og alt det sorgfyldte, der hobede sig op i mig. Som jeg lidt efter lidt fik hjælp til at se. Som jeg blev modig nok til at gå ind i. Som jeg fik et sprog for. En indre stemme, der kunne fortælle mig, at noget skulle løses. Guider, som kunne hjælpe mig igennem. Alle de hjælpere, mine antenner tiltrak. De mange hjælpere, der trådte ind på min vej præcis, da jeg havde brug for dem. Alt det som gjorde, at jeg var modtagelig den dag, Guds healende hænder udførte det sidste arbejde, så den resterende sorg ikke tog permanent ophold i mig, men blev til en lille knude. Og med en så klar besked. Når jeg ser de mange perler på en snor, glimte, blinke, vinke og smile, bliver jeg simpelthen så rørt helt ind i hjertekulen.

Der er ingen lige vej. Det er ikke bare at opnå en spirituel kontakt, en åbning, på kommando. Og vejen er ikke ens for alle. Når jeg har delt min historie, er jeg forsigtigt blevet spurgt: Hvad hvis du ikke havde været igennem den rejse, inden du blev syg? Hvis du ikke havde søgt en spirituel vej, var knuden så kommet alligevel? Var du stadig blevet syg? Mit svar er ja. Der var sorg i min krop, som ville have manifesteret sig som sygdom – det er jeg ikke i tvivl om. Men min forståelse af det, timingen for opdagelsen og måden, jeg kom igennem mit forløb på, ville have været helt anderledes, hvis ikke jeg som voksen havde draget omsorg for mine ar og sorgfulde oplevelser. Hvis ikke jeg havde åbnet op for det spirituelle og de åndelige kanaler. Hvis ikke jeg havde været modtagelig for den hjælp, jeg fik.

Gennem min egen healingsrejse forstod jeg, at min biologiske mor blev syg af den ubearbejdede sorg, hun bar på. Hun delte graciøst ud af sin kærlighed til alle omkring sig, men glemte at tage hånd om det, der gjorde ondt indeni. Et tab og en sorg, der var for svær for hende at gå ind i. Jeg brød den arv. Jeg skrev min egen historie. Og måden, jeg kunne være i det på, sikrede, at mit lys ikke blev slukket, uanset hvor dybt jeg gik, og uanset hvor ondt det gjorde. Jeg vidste, at jeg blev holdt af universet, engle, min mor, Moder Jord, Spirit, Gud. Jeg omfavnede alt det, jeg så, mærkede og talte med, som ingen andre så. Den kærlige energi, som lagde sig omkring mig. Guiderne, der talte til mig. Varmen. Tilliden. Det blev mit lys, da krisen ramte. Da lyntoget flåede mig ombord. Da livet bankede på min dør. Da en transformation, ud over alt forståeligt, gik i gang. Uden det havde jeg ikke været den Anne, jeg er i dag.

KAPITEL 10

ER KROPPEN SPIRITUEL?

I dag er jeg meget mere bevidst om de forskellige lag, vores krop består af. Jeg har altid sagt "krop og sjæl". Jeg vidste godt, at det hang sammen. Men jeg oplevede gennem min behandling, at jeg fik skilt min fysiske krop fra de andre. At jeg tog mig af det mentale, energetiske, emotionelle og spirituelle plan for sig. De fysiske bivirkninger, jeg oplevede, var tydelige, overvældende og blev en mærkelig del af hverdagen. Jeg havde ingen viden om, hvad der ville komme. Min opgave var at gøre det så lidt invaderende og smertefuldt som muligt. At støtte min krop i at vinde kampen, få bivirkningerne til at forsvinde og være stærk nok til at tage imod det næste, der kom.

Igennem behandlingen blev min "krop og sjæl" dybt påvirket. Undervejs blev det mere og mere svært at følge med. I første omgang opfattede jeg min krop som en fysisk skal, en magisk rustning, der holdt mig oppe og gående, uanset hvad jeg udsatte den for. Jeg var faktisk ret forundret over, hvor stærk den egentlig var, for jeg mærkede samtidig, hvordan den langsomt blev nedbrudt og svækket. Som jeg har beskrevet flere gange, havde jeg dårlig samvittighed over det, jeg gav andre lov til at gøre ved den. Jeg begyndte at få et anderledes forhold til min krop. Jeg havde nok aldrig talt så pænt til den, som jeg begyndte at gøre her. Men jeg ser også nu, hvordan jeg ligesom gik ved siden af "den". Ved siden af min krop. Det var noget, som jeg først senere blev rigtig opmærksom på.

Der var så mange bivirkninger, som kom med tiden, at jeg begyndte at lave lister over dem. Mest for at kunne glæde mig over, når noget kunne streges fra den. Når noget gik væk. For samtidig kom der nye til. Mine fødder var medtagede. Mine tæer var ømme. Jeg tabte tåneglene af flere omgange. Jeg vågnede om natten, fordi det føltes, som om nogen hoppede og trampede på en tå. Det var dybt smertefuldt og invaderende på en mærkelig måde. Dagen efter blev tåneglen blå – et tegn på, at også den ville falde af. Mine ankler var misfarvede. Om morgenen måtte jeg rulle ud af sengen, fordi min krop, mine knogler og led var så ømme, at jeg ellers ikke kunne komme op. På seks måneder føltes det, som om min krop var blevet mindst ti år ældre. Jeg havde taget på og havde pludselig fået appelsinhud. Jeg var blevet sat i forceret overgangsalder. Medicinen havde turbo-genereret den hormonelle proces i mig. Det føltes virkelig tarveligt og invaderende, at det nu ikke kunne ske naturligt. Jeg var hævet i ansigtet og i en periode var halvdelen af det følelsesforstyrret. Nedsat spytproduktion. Udtørret krop. Kemo-hjerne. Jeg var træt. Jeg havde manglende overskud. Sov dårligt. Åndenød. Ømme blodårer. Hukommelsessvigt. Tinnitus. Mine slimhinder i næsen blødte, og jeg var derfor helt tilstoppet i næsen efter en nats søvn. Hver morgen startede jeg derfor med at pudse næse. Hver morgen blev det første jeg så, blodet i min Kleenex. Det var voldsomt. Det gjorde mig trist. Og selv denne opremsning fortæller ikke hele historien. Jeg var bange for at havne i en offerrolle og ønsker stadig ikke, at det skal fremstå som en klagesang. Det sidder stadig i mig. Det var ikke dér, jeg ønskede at være i min energi. Jeg kunne simpelthen ikke magte at fortælle om al elendigheden. Når det er sagt, så føltes det som en total nedsmeltning af en stærk og rask krop, der skulle igennem en behandling for at blive rask, men som undervejs endte med at føles syg. Nedslidt. Brugt. Det var voldsomt at være i. Jeg gjorde meget for at tænke positivt, for de fleste bivirkninger var formodentlig forbigående eller ville aftage med tiden. Og selvfølgelig var det hårdt.

Det var i denne tilstand, hvor jeg var virkelig svækket, at jeg skulle træffe store beslutninger, blandt andet om min operation. Det var svært. Mest af alt havde jeg lyst til et frikvarter – en periode, hvor jeg ikke behøvede at forholde mig til noget eller nogen.

Det fysiske, mit ydre, blev et spejl af alt det, jeg gennemgik. Jeg kunne se det på mig selv. Selv når jeg gjorde mig umage. Når jeg tegnede bryn i mit ansigt, drak rigeligt med vand og øvede mig på svar, så jeg havde overskud til mere. Alle sagde, at jeg så godt ud. Jeg tror, at mange bemærkede, hvor anderledes jeg så ud fysisk, og samtidig var forundrede over, at jeg smilede. At jeg havde positive historier at dele. Jeg gjorde mig umage, men sandheden var jo også, at jeg virkelig havde mange positive oplevelser. Jeg mødte sjæle, som var små lys på min vej. På de mest uventede måder. Folk jeg ikke kendte, men som bare var hjertemennesker. Dem er der mange af i hospitalssystemet. Mange, der holder energien oppe. Og når man er i behandling gennem seks måneder, lærer man mange af dem at kende. For mit vedkommende var der dog også alle de andre hjælpere, som jeg enten søgte, fandt, eller som fandt mig. Møder på vejen, i supermarkedet, på gåturen. Gamle bekendte, som pludselig dukkede op. Venner og familie. Mentorer. Inspiratorer. Jeg mærkede lyset i mig. Og jeg så lyset omkring mig. Hver dag. Jeg kunne til enhver tid mærke ind i det, blot ved at lukke mine øjne og se. Og derigennem kunne jeg finde min energi til at hjælpe den. Min krop.

"Går ved fortet, bemærker lyden af hundepoter i højt tempo bag mig. En kvinde på løbetur stopper op, tager sit headset ud og siger: "Hvor ser du godt ud. Ja, jeg har været der selv. Vil bare lige sige det bliver godt igen. Du ser fantastisk ud."

En lille snak og jeg får heldigvis sagt til hende to gange, at jeg synes hun er skøn og tak og tillykke. Jeg smiler stort, da hun løber videre. Sikke en gave. Og så lige i dag hvor jeg slæber mig afsted og synes, jeg har det svært i kroppen, og det mærkes også i spirit. Tak til dig søde kvinde som havde haft brystkræft for ti år siden og i dag delte din glæde og dit humør med mig. Håber der engang var en, der gav dig samme følelse. Håber jeg kan gøre det for andre. Håber jeg møder dig igen en dag og kan sige tak igen.

Tak for at lade hende krydse mit spor i dag. Et klart lys på min vej."

Fra mine noter

Da jeg var færdig med kemo, var blevet opereret og ventede på at starte strålebehandling, kunne jeg mærke behov for at rette fokus mod min krop på en ny måde. Den var blevet lidt fremmed for mig. Selvom jeg sagde og følte, at vi samarbejdede, følte jeg også, at den var blevet taget fra mig. Det var ikke en krop, jeg følte mig hjemme i. Jeg var ikke tilpas. Derfor begyndte jeg at søge hjælp til fysisk at genfinde noget, der føltes som mig.

Via Instagram fandt jeg en amerikansk kvinde, der talte direkte ind i min frustration. Min situation. Hun faciliterede et forløb med fokus på kost og netop de udfordringer, jeg stod med som kvinde efter kræftbehandling – kastet ud i en forceret overgangsalder med en udbrændt krop og vægtøgning. Alt det som pludselig var en del af mig, men som jeg ikke kunne genkende, når jeg virkelig så efter. Hende rakte jeg ud til og startede et forløb hos, allerede inden jeg begyndte på stråling. Det var virkelig rart for mig, at der var en som lavede en plan, holdt mig ansvarlig og samtidig havde en forståelse for min situation, uden at det blev en sorgfuld gruppe at være en del af. Der var også et mere "mentalt" spor i forløbet. Men jeg havde allermest brug for den fysiske del, de håndgribelige råd og fokus. Jeg havde på dette tidspunkt fået massive udfordringer kognitivt og hukommelsesmæssigt. Derfor var en fast ramme perfekt for mig. Og resultaterne kom hurtigt, hvilket føltes som en kæmpe sejr. Jeg tog hånd om noget selv. Jeg styrede selv en retning. Jeg havde fået en smule magt over mit eget liv og min krop tilbage. Sådan var det lige dér.

Før strålingsforløbet var der samtaler for at sikre, at kroppen var klar til at gennemgå stråling ovenpå både kemoen og operationen. Derudover skulle der laves mærker på kroppen – små tatoverede prikker, der skulle bruges hver gang maskinen og lejet skulle tilpasses, så strålerne ramte præcis samme sted hver gang. Jeg ved, at jeg har en høj smertetærskel. Det blev jeg mindet om flere gange i forløbet. Jeg havde en tendens til at holde ud i stedet for at sige fra. Men dette udfordrede mig seriøst, for de tatoveringsprikker blev brutalt banket ind i min krop. Sådan føltes det. De brugte en stor "nål" med blæk, som de placerede på de markerede punkter og bankede ind i huden. Fem prikker. Det var smertefuldt, invaderende og voldsomt. Da jeg kom ud fra hospitalet, knækkede jeg helt fysisk sammen i knæ og tudede. Tudbrølede. Jeg kan stadig mærke, hvordan det hele gav efter i mig. Det var dér, jeg for alvor begyndte at se, hvor meget der rent faktisk var lagret i min krop. Hvor meget smerte og traume jeg havde mærket og nu bar i mig, og som en dag skulle ud. Hvor meget jeg havde tilladt. Jeg kunne bare ikke overskue det nu. Jeg var nødt til at blive ved. At rejse mig. At fortsætte. Men min krop og sjæl, havde talt til mig der. Igen.

Sidst jeg havde været lidt ramt af det, var da de skulle sprøjte radioaktiv væske ind i mit bryst dagen før operationen. Blå væske i en kanyle, som en sygeplejerske iført beskyttelsestøj og handsker førte ind i mit bryst. Årsagen var valid. Det var for at spore lymfeknuderne og dermed se, om der var noget, som havde bredt sig hertil. Men mit bryst blev blåt. Det var radioaktivt. Der var det radioaktive advarselstegn på døren til rummet, hvor indsprøjtningen foregik. Det var ikke en rar tanke. Jeg måtte virkelig tilgive mig selv for at tillade det.

Selve operationen var en positiv oplevelse. Den havde jeg jo også været afklaret med i seks måneder, forstået på den måde, at jeg fik præcis den operation, jeg oprindeligt ønskede og forventede. Kirurg-teamet var fantastiske og lavede et snit, der gjorde, at formen på mit højre bryst ikke blev helt ødelagt. Jeg havde ellers grædende taget afsked med det aftenen før, for jeg vidste jo ikke, hvordan det ville blive. Samtidig havde jeg også stor tillid til, at det ville blive, som det skulle være. Og da jeg mødte kirurgerne, var jeg helt rolig i kroppen. I fuld tillid. Jeg følte, at præcis de to var mit team. En italiener og en nordmand. Det havde jeg ret grineren over. Deres navne klingede, som var det en mærkelig DJ-duo. Marco & Erling. Jeg elskede min indre latter over det. Grinede sammen med mine guider, som altid har haft en utrolig god og til tider plat humor. Jeg elskede, at jeg igen havde en vej, der var lys og let. Tak.

Strålingen var ikke nem at komme igennem, modsat hvad mange ellers sagde og mente. Endda nogle som talte af egen erfaring, så jeg havde virkelig håbet. Men jeg oplevede ikke, at det var nemt. Det føltes invaderende på kroppen. De fysiske bivirkninger kom med det samme. Huden blev udfordret, men det kunne behandles. Mit åndedræt, som allerede var blevet påvirket inden, blev yderligere udfordret. Jeg oplevede at få uprovokeret og pludseligt åndedrætsbesvær. Jeg delte med hospitalet, at jeg havde en fornemmelse af, at mine lunger var påvirkede. At jeg havde en ide om, at en lille flig blev ramt af strålerne. Da jeg nævnte det, blev jeg sendt til diverse undersøgelser, fordi "den kemo, du har fået, kan have haft konsekvenser for hjertet". Det stod helt sikkert et sted. Der er så mange mulige bivirkninger, at mange først bliver en del af dialogen, hvis de opstår. Det er helt forståeligt, da man som patient ellers ville blive væltet omkuld af alle de mulige ting, der kan opstå. En helt uoverskuelig liste af mulige måske'er, som ikke er værd at bekymre sig om i en tilstand, hvor energien er bedre brugt på noget andet. I forvejen er 80% af vores tanker bekymringer om noget, der aldrig kommer til at ske, så der er ingen grund til at øse mere på alt det, der allerede fylder. Og meget blev dryppet ud lidt ad gangen gennem forløbet. Jeg ved godt, at jeg ville være druknet, hvis jeg havde fået alt at vide på én gang. Alligevel var der et par gange, hvor jeg især følte mig holdt i det uvisse. Hvor jeg tænkte: "Det var der ingen, der sagde". Dette var en af gangene. At jeg havde accepteret noget, der potentielt var så invaderende. Også på mit hjerte. Det gjorde ondt at blive klar over. Jeg blev scannet, målt, undersøgt og fik en "sladrehank" på til at monitorere hjertet. De kunne dog konstatere, at mit hjerte ikke fejlede noget. De prøvede også et par andre tilgange. Men jeg var og er stadig ikke i tvivl om, at en flig af mine lunger blev påvirket af strålingen. At min kapacitet blev svækket. Jeg var ved at lære at være i fuld tillid til det, min krop sagde. Det var det, jeg mærkede. Det var det, jeg følte. Og sådan var det.

Efter strålingen var jeg, om muligt, endnu mere i knæ. Det var en periode med ekstremt mange indtryk, møder og mennesker at forholde sig til. Og et forløb, jeg gik igennem alene. Igen fandt jeg et sprog, et billede og en fortælling at læne mig ind i: Stråle Ståle. Ham dansede jeg med nu. Jeg gav slip på følelsen af, at jeg ikke skulle være der, og lod mig svøbe ind i et kærligt team af fantastiske sygeplejersker. Hver dag.

Jeg mødte mange historier på min vej. Sådan var det både under kemobehandlingen, strålingen og i det hele taget, når jeg var forbi hospitalet, hvilket jeg var en del. Nogle gange følte jeg, at jeg kom for tæt på andres historie, uden at jeg selv bad om det. Der var skæbner og fortællinger, som printede sig ind i mig. Som blev spor, jeg krydsede på min vej.

Der var mange energier, som lagrede sig i mig. Jeg var simpelthen så tyndslidt, at alt kunne trænge igennem. Det var svært at rense mig helt for alt det, jeg blev eksponeret for. Senere fandt jeg ud af, at jeg havde samlet flere energier op, end jeg selv troede. Men netop derfor var det en kæmpe støtte at have en daglig praksis, min morgenbøn, som sikrede, at jeg hver dag kunne se og mærke lyset. Jeg smilede til de mennesker, jeg mødte. Takkede dem, som passede på mig. Og jeg fortalte mig selv, at jeg havde været dygtig og godt kunne gøre det igen i morgen. Let it go, Let it flow.

"Sidste strålebehandling. Jeg græd i morges på vejen derind, og mens jeg ventede. Det ER en stor dag. Pigerne i mit team havde stillet et flag frem. Alle var helt med på, at det var sidste omgang. Dejlig stemning.

Tårerne trillede under det meste af behandlingen. Aldrig mere. Sidste gang. Jeg klarede det. I dagens anledning sagde hun endda i højttaleren: "Og så er vi klar til sidste boost". Da jeg var færdig, knækkede jeg helt sammen. Forløsning. Glæde. Let it go.

Jeg sagde, det havde været svært at gå ind i, fordi jeg jo var rask. De var glade for gave og kort. Fik en krammer. Især den ene var rørt og sagde det var dejligt at vide, at de gør en forskel. Tak. Lagde min trøje i rummet med mit navn på en sidste gang og gik. Tårerne løb. Jeg var meget bevæget, rørt og lettet. Tre ugers mod, styrke og klar hver dag kan slippes nu. Strålerne arbejder videre i mig, men det er slut med at planlægge dagen derefter. Bliver helt mærkeligt. Og nu skal jeg mentalt arbejde videre. Tror lige nogle dage uden noget er godt.

Ro på. Savner hjælp. Derfor slippe kontrol og stole på, at jeg får al den hjælp, jeg har brug for. Lige nu gider jeg hverken være voksen eller bede om hjælp. Jeg vil bare være i fred. Træt, udmattet, stolt og.... Lidt bange? Måske. Det slipper jeg. Må bare trække vejret. Trænger gevaldigt til en krammer."

Fra mine noter

Da jeg var færdig med stråling, var min behandling officielt afsluttet. Der var ikke mere, der medicinsk kunne gøres. Kræften var væk. Det havde operationen og resultaterne af det undersøgte væv og lymfeknuder bekræftet. Jeg var kræftfri. Jeg var rask. Og alligevel følte jeg mig som alt andet end rask. En virkelig mærkelig situation. Nu skulle jeg komme mig. Blive "normal" igen. Jeg vidste dog godt, at jeg ikke ville blive "normal" igen. At jeg hverken var, eller ville blive, den Anne, jeg var før. Jeg var i en skrøbelig tilstand og meget påvirket af forløbet på alle planer. Jeg havde mange bivirkninger, og det ville tage noget tid, før de forsvandt. Jeg prøvede selvfølgelig at spørge til en tidsramme, men det er individuelt, ligesom behandlinger, forløb og den, vi er, er forskellige. I første omgang talte de dog alligevel ind i en tidshorisont på cirka seks måneder fra dér. Det blev min første ide om en tidsramme for, hvornår jeg kunne " lande i mig." Hvor jeg kunne få noget selvstændighed tilbage. Hvor jeg ikke havde brug for hjælp. Efter nytår.

Få mennesker om nogen forstod, hvad jeg gik igennem her. Hvordan jeg virkelig havde det. Jeg prøvede at forklare, men det var en rodebutik indeni mig. Kognitivt forstyrret. Hukommelsen var helt umulig. Ordforrådet svært at finde. Reaktionsevne i nuet var svækket. Bivirkninger, som krævede meget at håndtere og forsøge at "behandle". Jeg havde meget lidt kapacitet til at være sammen med andre. Jeg havde så tydeligt brug for ro og fred. Jeg måtte lave daglige skemaer og oversigter for at huske, hvad jeg skulle, og for at sikre, at jeg ikke lavede for meget. Jeg trænede. Jeg gik ture.

Jeg så kun få mennesker. Jeg passede virkelig godt på mig selv.

Jeg var så træt i hele systemet, at jeg fik brug for nogen, der kunne "oversætte" den flodbølge af budskaber, som jeg mærkede ville ud. Når jeg simpelthen havde for meget, der ville igennem. Jeg kunne mærke det. Næsten som om der blev banket på i mit hoved. Mit tredje øje dunkede. Nogle gange kunne jeg selv skabe luft gennem meditation og ved at bruge krystaller. Men når det blev for voldsomt, og jeg havde brug for at skabe rum, havde jeg dejlig støtte fra en healer, som kunne tune ind på mig via fjernhealing og modtage. Jeg kunne selv høre det som en summen af stemmer, hvoraf nogle ord trængte igennem og gav mening. Men det meste føltes som en flod af mumlen, der bare flød forbi. Og når hun havde modtaget på mine vegne, blev der stille igen. Mit hoved blev let, og jeg kunne sortere i den viden, jeg fik via hende. Bruge det jeg kunne og sætte andet til side. Heldigvis var jeg i stand til at bede om hjælp og havde den rette person, som en uundværlig del af min værktøjskasse.

På et spirituelt niveau følte jeg mig faktisk rigtig tryg her, som jeg så det på det tidspunkt. Men min krop som helhed havde det svært. Jeg mærkede flere gange, hvordan jeg havde en fysisk stærk reaktion, når noget potentielt udfordrede mig. Når noget uventet ændrede mine planer eller forventninger. Når jeg fik et nej, hvor jeg forventede et ja. Når jeg følte mig uforberedt. Når jeg følte mig misforstået. Jeg blev som en hare, fanget i en lyskegle. Jeg stivnede totalt.

Jeg gjorde rigtig meget for at berolige mit system. Jeg fandt stor støtte i Yin Yoga, både fysisk i forhold til at strække og styrke bindevævet, men også som en beroligende praksis for nervesystemet. De støttende berøringer fra læreren gav genlyd helt ind i mine knogler. Jeg kunne næsten ikke holde det ud. Jeg begyndte at mærke, hvordan det havde påvirket mig at være uden berøring og kærlige kram i de otte måneder, jeg havde været i behandling. Fordi jeg på grund af mit lave immunforsvar og corona skulle være ekstra påpasselig. Jeg mærkede nu, hvor udsultet min krop havde været for fysisk nærvær og omfavnelse i en tid, hvor jeg havde haft ekstra behov for det. Det gjorde mig ked af det at mærke så tydeligt.

Jeg begyndte igen at gå til diverse ceremonier og healingscirkler. Jeg mærkede, at disse fællesskaber nu også blev åndehuller, hvor jeg blot kunne være den, jeg var. Jeg behøvede ikke at forklare mig. Ingen satte spørgsmålstegn ved det, og jeg følte mig fri til at træde ind i mit autentiske jeg. Der hvor jeg var nået til. Jeg deltog i gong- og lydbade, hvor jeg mærkede, hvordan mit nervesystem i den grad blev næret og beroliget, samtidig med at jeg mærkede en fysisk reaktion der, hvor jeg var opereret i brystet. Der, hvor jeg ofte mærkede en smerte. Og der, hvor jeg havde fået lymfødem. Jeg husker, hvordan jeg under et gongbad kunne mærke, hvordan mine celler "dansede rundt" og blev lokket på plads. En piblende fornemmelse, der spejlede, hvordan min krop blev opmuntret til at heale sig selv. Det var dejligt at mærke, at jeg fandt veje til at berolige mit system. Til at skabe ro til healing.

Jeg arbejdede også mere terapeutisk med det at komme ud af behandling og være i den mærkelige overgangsfase, som jeg befandt mig i. Både i forhold til, hvad andre forventede af mig, hvad jeg selv forventede, og hvad jeg forventede, at andre forventede. Jeg lærte, at navigere i det og holde fast i det, jeg vidste var sandheden. Også uden nødvendigvis at kunne forklare det

111

til andre. Uden nødvendigvis at møde forståelse. Jeg brugte af min eksisterende værktøjskasse, men udvidede den stadig i takt med, at jeg mærkede nye behov. Jeg vidste, at jeg skulle skabe plads hver dag til ro og til at integrere. Plads til at mærke, hvad jeg havde behov for. Når noget kaldte, så reagerede jeg.

Jeg blev kaldt til en ayahuasca-rejse. En ceremoniel oplevelse, hvor plantemedicin åbner til en udvidet bevidsthed og skaber adgang til nye lag og indsigter. Jeg havde egentlig planlagt at gøre det, før jeg blev syg, men det aflyste jeg, da jeg fik diagnosen. Nu, et år efter, mærkede jeg, at den kaldte igen. Måske lå der nogle svar. Der var en modstand i mig, noget jeg skulle have adgang til. Noget jeg vidste, men skulle have åbnet mere op til. Jeg mærkede også en lyst til at være i en anden bevidsthed i længere tid. Jeg følte mig klar, og gjorde det et sted, hvor de kendte mig, hvor jeg følte mig sikker og vidste, at de ville guide mig trygt igennem. Det blev en meget fyldig oplevelse med mange budskaber, fornemmelser og opdagelser. En af de ting, jeg oplevede var, at jeg bare havde behov for at ligge i fosterstilling og græde. Græde over alt den smerte, jeg havde mærket, uden at nogen holdt om mig. At jeg havde svigtet mig selv. At jeg ikke havde draget omsorg for mig selv. Jeg havde et stort behov for at græde og blive holdt om. For at blive trøstet. For at give slip og ikke være stærk. Det fik jeg plads til der. Det var en meget klar følelse, som jeg skulle igennem. Der blev peget så tydeligt ind i det svigt, som jeg bar på. Den manglende omsorg, jeg havde oplevet under min nedbrydning. Uanset hvor meget transformation den indebar, sad følelsen fast. Følelsen af ikke at have passet på min krop. Ikke at have passet på mig.

Min ayahuasca-rejse viste mig så tydeligt, både under selve rejsen og i tiden efter, at jeg havde traumer ophobet i min krop. Jeg blev bekræftet i, at jeg oplevede en form for posttraumatisk stress. Selvom jeg fortsatte med alle de gode ting, jeg allerede gjorde, mærkede jeg, at det ikke var nok. Jeg forstod, hvad det var, men kunne stadig ikke finde vejen til at opløse det alene. Jeg havde brug for hjælp. Derfor fik jeg en opfølgende session med en facilitator fra det sted, hvor jeg havde været på ayahuasca-rejsen. Jeg delte med hende, hvad jeg mærkede. Derefter trådte hun med mig ind i den oplevelse, jeg havde haft, ved at guide mig ind i en dyb meditativ tilstand. Ind i den smerte, jeg følte. Ind i det svigt af mig selv, som jeg ikke kunne slippe. Den tilladelse, jeg havde givet til alle overgrebene på min krop. Det var et voldsomt og følelsesmæssigt sårbart rum at træde ind i, men jeg gjorde det i tillid og mærkede også, hvor meget styrke der lå i at se det i øjnene. At tage hånd om det, der føltes som et svigt, men som i virkeligheden bundede i kærlighed til mig selv, var dybt healende. Jeg havde mærket smerten og traumerne før, men havde ikke været i stand til at åbne fuldstændigt op. Det havde været for smertefuldt til at træde ind i på egen hånd. Men nu havde jeg fået hjælp til at se det klart. Og gennem dybere indsigt, forsoning og tilgivelse, fik jeg adgang til at heale mig selv. Til at forløse al den smerte, jeg havde båret i mig så længe.

Set i bakspejlet havde jeg taget det i små skridt. Jeg blev i stand til at mærke mere og mere, indtil jeg var klar til at gå dybere. Indtil jeg var stærk nok til at gå helt ind i, hvorfor det var så smertefuldt at være i min krop. Til at se, hvordan jeg kunne heale gennem tilgivelse. Jeg forstod, at jeg selv havde nøglen til at løse op for de traumer, der sad i min krop. At min krop, at jeg, fortjente at blive krammet, elsket og tilgivet. For selv med min bevidsthed om den transformation, jeg gennemgik, havde alle oplevelserne sat dybe spor i mig – på alle planer. Spor, som jeg nu tog hånd om og begyndte at heale på. Jeg havde taget endnu et kæmpe skridt på vejen til at finde hjem igen. Til at blive hel.

Gennem hele min spirituelle rejse og alt det healingsarbejde, jeg gjorde undervejs, var jeg blevet meget mere opmærksom på at lytte til min krop og min sjæl. Alligevel gav den transformation, jeg oplevede, mig en fornyet og skærpet forståelse for min krops sprog. I dag har jeg et andet perspektiv, når jeg lytter og mærker opmærksomt ind i det, jeg hører og fornemmer i kroppen. Jeg gør det med en øget bevidsthed om at tage hånd om alle de lag, som tilsammen udgør vores magiske krop. Jeg har lært at være nysgerrig på, hvordan jeg har det fysisk, emotionelt, mentalt, energetisk og spirituelt. Og at jeg kan adressere det hver for sig såvel som en helhed. En stor del af min recovery skete gennem omsorg for andre lag end blot det fysiske. Havde jeg ikke mærket og forstået denne sammenhæng, var jeg aldrig blevet så hel, som jeg er i dag.

Den forbindelse og tillid har gjort mig meget bevidst om, at min sunde tilstand skabes gennem helheden. At min tilstand på alle planer er af betydning for, hvordan jeg har det. Jeg opfatter det som mit kærlige ansvar at give min krop de bedst mulige betingelser for at være i balance, så den kan læne sig ind i den naturlige heling, som den altid vil søge imod. Og vigtigst af alt, så lytter jeg. Til hele min krop. Alle lag. Hele mit væsen. Hele "mit being", som jeg kalder det. Det guider mig på alle planer.

Og ja, kroppen er også spirituel. Alt er forbundet.

114

KAPITEL 11

TRANSFORMEREDE RELATIONER OG MØNSTRE

Jeg fik hjælp af så mange dejlige mennesker, og jeg gjorde mig umage med at sige tak. Jeg tænkte undervejs meget over, om jeg gav for lidt tilbage. I lang tid var der personer, som jeg følte, at jeg skyldte noget, fordi de havde gjort så stor en forskel for mig. Fordi deres støtte havde gjort min vej væsentlig nemmere at gå. Mit heppekor og hjælperkorps var massivt, kærligt og overvældende. Samtidig var jeg i en forandring, som krævede, at jeg for alvor lyttede til, hvad der var godt for mig. Hvad min kerne var. Jeg skulle navigere i, at jeg forandrede mig, at det satte ringe i vandet, og at verden omkring mig forandrede sig samtidig. Og når der er forandring, påvirkes vores relationer.

Hospitalet informerede hurtigt om mulig hjælp til pårørende, idet sygdom jo ikke kun påvirker den syge, men spreder sig som ringe omkring vedkommende. Det var også vigtigt, at jeg ikke følte ansvar for at hjælpe andre end mig selv igennem. Jeg fik nogle flyers med information og rådgivningsmuligheder, som jeg kunne give videre, så jeg på den måde havde draget omsorg for andres reaktioner, uden selv at tage det på mig. Og derfra måtte jeg stole på, at dem, der havde brug for hjælp og støtte, fik det uden at jeg blandede mig. At det ikke var min opgave.

I forbindelse med at jeg blev syg, var der nogle, der trak sig med det samme. Jeg fornemmede klart en frygt for døden. Frygten for at skulle være vidne til et andet menneskes forfald. For det er svært at være tæt på en, der bliver syg. Både som ven og familie. Ikke mindst når det er kræft, der med sit blotte navn trækker tråde til frygt, afmagt og andres historier. Det kan være svært at se en person, man holder af, blive nedbrudt for at genopstå som én, man måske ikke forstår eller genkender. Det så og oplevede jeg også, da jeg var den syge. Det var også tydeligt, at der i situationer blev taget hensyn til mig, som var udover det, man havde gjort under "normale" omstændigheder. Jeg forsøgte at tage imod det som gaver og ikke undskylde for mig selv. Jeg var i mit forløb nødt til at være i tillid til, at andre ikke strakte sig længere, end de kunne. Jeg havde så meget at forholde mig til, at jeg måtte slippe i tillid til, at andre blev guidet til deres bedste.

Der var også personer, som først trak sig, efter at jeg var erklæret kræftfri. Da jeg var "blevet rask". Min fornemmelse var, at der her blev rum til at træde tilbage fra den frygt, som man havde holdt ude i strakt arm. Nu var det okay at trække sig, for jeg var jo "rask". Men for mig gik der yderligere to år, før jeg følte mig klar igen, så det var svært at forholde sig til.

Jeg brugte mange ressourcer på at navigere i dette ujævne landskab. For det var svært at opleve relationer blive svækket og nogle endda smuldre, samtidig med at jeg følte, at jeg skyldte. Jeg var bekymret for, om jeg havde været "grådig". Om jeg havde fået for meget i forhold til, hvad jeg havde givet. Jeg havde ikke været den mest engagerede i andres liv, omend jeg prøvede. Jeg mærkede dog også, at jeg var nødt til at være mindre "ydmyg" i den sammenhæng. Jeg var nødt til at mærke ind i behovet for at heale mig selv først og fremmest. Det hørte jeg. Det mærkede jeg. Det gjorde jeg bare ikke. Jeg forsøgte at holde fast i lang tid. Jeg blev ved med at give plads. Jeg blev ved med at undskylde det med min måde at være på.

Min manglende evne til at forklare mig fyldte en del i mig. Jeg kunne godt se, at der opstod nogle lommer, nogle tomrum, når jeg ikke kunne forklare, hvad der foregik i mig.

"Oplever frustration i forbindelse med, at jeg ikke kan forklare, hvad jeg oplever.
Hvorfor er det så vigtigt for mig?
Hvorfor har jeg behov for, at de forstår, hvad jeg går igennem?
Hvorfor er jeg bange for, at de ikke forstår?
Fordi jeg er bange for at miste dem, hvis de ikke forstår.
Den kom pludselig ind i mit hoved og forplantede sig i gråd med det samme.
Den ramte. Den forklarer. Det skal der løses op for.
Jeg mærker også frygt for, at de ikke forstår, hvad der ligger foran mig i processen.
Er jeg også bange for at opdage, hvem jeg er? At mærke afstand til dem, som ikke er med mig?
Ligger der noget i at slippe det gamle mig, fordi jeg er forandret? At jeg i den proces måske også vil slippe nogen eller blive sluppet?"

Fra mine noter

Jeg mærkede en frygt for at miste, fordi jeg ikke kunne forklare til andre, hvordan mit indre landskab så ud. Fordi andre måske ikke kunne følge mig der, hvor jeg var på vej hen. Jeg følte en mærkelig afmagt i dette. Jeg viste jo heller ikke selv, hvordan det hele ville folde sig ud. Jeg fik talt med en del af mine relationer om det. Jeg prøvede at sætte ord på, omend det var meget energikrævende for mig i en tid, hvor jeg var svært udfordret kognitivt og kapacitetsmæssigt. Jeg var virkelig spændt for, i forhold til hvor meget jeg kunne rumme, men det var vigtigt for mig at prøve. Min krop gjorde, hvad den kunne for at guide mig. I lang tid lyttede jeg dog ikke helt. Jeg valgte at lytte mere til, hvad jeg ønskede. Når jeg ønskede at bevare en relation – ikke fordi den var sund for mig, men fordi tabet af den ville være smertefuldt – ignorerede jeg signalerne på, hvor usundt det var at holde fast.

Vi oplever alle naturlige skift i relationer og til vores omgivelser gennem livet. Nogle gange ser vi tilbage på epoker i livet og smiler af det menneskegalleri, som dannede rammen om netop den. Nogle gallerier består og andre forandres i et helt naturligt flow. Og jeg har, som så mange andre, oplevet det, at vokse fra hinanden. Jeg har begrædt venskaber og andre forhold, som ikke bestod, men set i bakspejlet også forstået hvorfor. Det gør heldigvis ikke relationen mindre vigtig. Men det gør det heller ikke mindre svært at være i følelsen af, at nogen glider ud af hænderne på én. Enten når man ikke længere er ønsket. Eller når man ikke længere kan holde fast, fordi det er tid til at slippe.

Nogle relationer styrkes, andre forandres og nogle mistes. For nu, i hvert fald. Vi bærer alle vores sår, glæde, fortid og ønsker med os. Sjæle, der krydser vores spor, er spejle på, hvor vi er. Hvor vi gerne vil hen. De sider af os selv, vi ikke er glade for, og det, vi stræber imod. Det er magisk, som vi får hjælp på denne måde undervejs. Men det er ikke altid nemt at være i. Og nogle gange er det for meget.

Der var så meget, jeg skulle slippe, ufrivilligt. I trætte øjeblikke tænkte jeg "Gid alt var som før". For der var et før og et efter. Sådan var det bare. Jeg var under total transformation i alle mine lag. Og det var udfordrende at skifte alt på én gang. Reelt set længtes jeg dog ikke efter "før", men mere efter ro, så jeg kunne lande i mig. Min viden og indsigt bevægede sig i nye dimensioner, som jeg selv skulle lære at forstå. Min fornemmelse af mig var på en måde meget klarere end før, omend jeg stadig lærte mig selv at kende. Samtidig blev jeg mere og mere tryg ved, at min forståelse og viden var valid. At jeg havde adgang til at agere der, hvor jeg tidligere søgte andres guidance.

For mig var det dog meget udfordrende at opleve store skift i betydningsfulde relationer, samtidig med at alt andet blev forandret. Det føltes som holdepunkter, jeg ikke ville slippe. Men jo stærkere jeg blev i mig, desto mere mærkede jeg et behov for at fokusere på mig og på min healing. På at rejse mig, også selvom andre ikke fulgte med. Det var simpelthen nødvendigt at turde slippe de mønstre og roller, jeg før havde påtaget mig, som ikke var sunde. Relationer, som ikke var nærende.

Jeg lærte, at det at slippe en relation også "blot" kan være at slippe et mønster, som man træder ind i sammen med et andet menneske. En rolle eller rollefordeling, som bliver forandret som konsekvens af en udvikling. Men ikke al forandring er velkommen, og ikke alt nyt bliver taget godt imod. Nogle gange savner vi den, som var engang. Den vi blev venner med. Den vi blev forelsket i. Dem vi engang var sammen, og som har forandret sig. Nogle gange holder vi fast, også selvom det ikke længere føles helt autentisk.

Jeg har oplevet både glæde og dybde, men også tab og smerte forbundet med relationer, der blev påvirket af min sygdom, af mit forløb og den vej, jeg skulle gå. Det har været, og er stadig, meget sårbart. Jeg fik gennem min transformation i den grad set og mærket ind i gamle mønstre, som slet ikke var sunde for mig. Set og mærket mine egne skygger. Min måde at have været på i nogle relationer, som jeg ikke kunne være i på samme måde mere. Jeg skulle slippe. Slippe det, der ikke var sundt for mig. Slippe det, som gav smerte. Deri også lære at give slip, når jeg ikke var ønsket, hvor mine gamle mønstre var at holde fast. Det var og er ikke nemt, men min nu meget nære relation til hele min krop, hele mit væsen, hjalp mig til at træffe de svære beslutninger. Til ikke at holde fast på andre mennesker, men at slippe dem i tillid.

De store slip var ikke nemme. Det var sorgfuldt. Jeg blev både støttet af mine guider, af relationer og fik terapeutisk hjælp af forskellig karakter. Men da jeg slap alt det, som så tydeligt holdt mig nede og skabte tristhed i min krop. Som prikkede til gamle mønstre, hvor jeg hellere ville gøre andre glade fremfor mig selv. Dér mærkede jeg, hvordan min healing af mit eget system fik et ekstra gear. Min krop, hele mit væsen, fik simpelthen et større råderum til at træde nye skridt for mig. Jeg mærkede en markant forskel på, hvordan energien flød i min krop, og den fornemmelse hjalp mig igennem det svære følelsesmæssige, som var forbundet med denne proces. Jeg blev simpelthen klar over, at jeg ikke måtte svigte min sandhed. At jeg skulle flyde med og acceptere, at der var steder, jeg ikke længere passede ind, og som jeg derfor skulle slippe. Så jeg kunne flyve. Mens vi vokser, vokser andre også – nogle gange tættere på os, andre gange væk fra os. Og mens vi selv lærer, bliver vi samtidig en andens læremester. Når vi møder modstand fra andre, kan det være, fordi vi spejler deres skyggesider – eller måske fordi de spejler vores. Vækst er bevægelse, og vi bevæger os alle i den retning, der er ment for os.

Jeg er sikker på, at ingen møder er tilfældige. Jeg tror oprigtigt på, at alle relationer er læremestre. Og jeg er taknemmelig for alle de læremestre, jeg har mødt. Jo ældre jeg bliver, jo mere forstår jeg det. Jo flere læringer ser jeg. Alle de sjæle, der krydsede og tændte lys på min vej. Alle de engle, der guidede mig. Det får mit hjerte til at smile.

Ikke alle relationer er skabt til at vare for evigt, men det er ikke altid nemt at give slip – gamle mønstre *er* svære at bryde. Jeg ser ikke tilbage på alle relationer med lige stor lethed. Jeg ved, at der stadig er mere tilgivelse at dykke ned i – både af andre og af mig selv – som en del af min healing. Men i dag oplever jeg, at jeg kan være i det på en ny måde. I en ny energi, som jeg har fået adgang til. Fra et sted, hvor jeg mærker en energi, som kommer med en dyb ro, kærlighed og en helt særlig rummelighed.

Jeg har lært at være tro mod mig selv og tale min sandhed. Derigennem giver jeg den bedste nærhed, ærlighed og vibration til andre. Som mig. Den, jeg er. I den vibration oplever jeg på dejligste vis relationer, der trives, vokser og får nye dimensioner. Og så er der naturligvis også de nye, som opstår undervejs gennem hele livet. Sjæle, der beriger os, som store eller små lys på vejen. Ingen af dem er tilfældige. *There is no such thing as a chance meeting.*

KAPITEL 12

AT BLIVE GREBET I TILLID

Da der var gået lidt mere end et år siden, jeg blev erklæret kræftfri, søgte jeg stadig at blive "rask" igen. At føle mig rask. Jeg var hårdt ramt af senfølger. Ja, det hed de nu – de bivirkninger, der endnu ikke var gået væk. Jeg følte mig som en gammel pladespiller, der spillede den samme rille om og om igen, lidt fanget i min egen historie. Jeg gjorde alt det rigtige, fik jeg at vide, og mere til. Jeg gjorde nemlig meget ud over det anbefalede, ikke mindst fordi jeg også havde min spirituelle og lidt mere alternative tilgang.

Jeg havde længe en fornemmelse af, at min krop var "uren" og skulle renses for energetiske påvirkninger. Jeg mærkede det som en fremmed, tung og mørk energi, som faktisk gjorde mig lidt utryg. Jeg fandt en person, som havde erfaring med, hvordan især sensitive og modtagelige personer kunne få skygger på sig, når de var igennem et længere behandlingsforløb. Jeg fik hjælp til at få renset ud og mærkede tydeligt forskellen. Som om der blev løftet en tung kappe fra mine skuldre. Gennem forskellige naturmedicin, tilskud, træning og teknikker søgte jeg at fremme mit immunsystem, min knoglestyrke og mine kognitive evner. Jeg spiste stadig efter anbefalinger fra den amerikanske coach, og fortsatte med de mange givende tiltag, jeg tidligere har nævnt som blandt andet yoga, lyd og naturen. Jeg kunne godt se, at nogle ting var blevet lidt bedre end for seks måneder siden, men det gik langsomt, og der var tydeligvis lang vej endnu. Og jeg var træt, meget træt, af at gøre mig så umage hver eneste dag. For det var hårdt at blive ved med at søge – at prøve at finde tilbage til noget, der mindede om det, som engang var, men som så tydeligt ikke fandtes længere.

Der opstod et mærkeligt rum mellem den, jeg mærkede, jeg var, og den, jeg prøvede at finde frem til. Den version, som endnu ikke var klar. Jeg vidste jo faktisk godt, at jeg skulle være åben for noget nyt. Jeg vidste faktisk godt, at jeg var under forandring på alle planer. At jeg var som den sommerfugl, der havde været i min bevidsthed hele tiden. At der gennem nedbrydningen var en død, en genfødsel, en transformation større end jeg kunne forestille mig. Men det var svært at navigere roligt i den opfattelse, samtidig med at mine omgivelser i bedste mening spejlede min heling med at komme tilbage til den, jeg var før med spørgsmål som "hvornår kan du så starte med at arbejde igen". Det var svært at svare det samme gang på gang gennem så lang tid. "Det er jeg ikke klar til endnu". Jeg ønskede sådan, at jeg kunne tilføje, at det trods alt var blevet meget bedre. Eller at jeg kunne sige "Det ved jeg ikke, for jeg skal lige finde ud af, hvad jeg kan først". Sandheden var, at en form for normalitet slet ikke føltes indenfor rækkevidde. Og derfor spejlede spørgsmålet også, at det var rigtig svært for andre at begribe, hvad det betød at være ramt som jeg. Så det blev for kompliceret, og jeg var ikke i stand til at have den samtale. Jeg hørte derfor mig selv køre meget i den samme rille.

Mine løbende samtaler på onkologisk afdeling blev påmindelser om, at jeg ikke bevægede mig nok i forhold til det, som man havde håbet og forventet. Jeg var hårdt ramt. Og jeg var træt af at være i det. For selvfølgelig havde jeg også håbet, at de tidsrammer, jeg var blevet givet undervejs, ville holde. Og jeg blev skuffet hver gang, når jeg skulle flytte på forventningerne igen.

Jeg mærkede tydeligt den krampagtige følelse, når mine forventninger alligevel prøvede at styre en retning og et tempo, og dermed kom i vejen for det, som skulle ske. Jeg vidste også, at det var tegn på at jeg skulle slippe. I tillid. Jeg lyttede bedre til min krop og mine guider. Og når jeg var alene, så var jeg sjældent i tvivl. For svarene var ret tydelige for mig. Men jeg havde brug for ro og tid, og min omverden bad ofte om svar, jeg ikke kunne give dem. Igen oplevede jeg det svære i ikke at være i stand til at formulere mig. Det gjorde det ekstra svært at sætte grænser, og navigere i andres forventninger til min fremgang.

Jeg havde en følelse af, at min indre verden var så meget større end den, jeg kunne dele med mine omgivelser – også selvom jeg gerne ville. Jeg følte, at jeg kun fortalte en halv historie til dem, jeg holdt af. Jeg undrede mig nogle gange over, om de mon syntes, at jeg ikke helt var tilstede. Også fordi jeg hurtigt stemplede ud, når min kapacitet var brugt op. Og jeg begyndte at mærke, hvordan min manglende evne til at sætte grænser og forklare mig påvirkede min selvtillid, personlighed og sjæl på en usund måde. Jeg var lidt fanget i mig selv.

Men i sensommeren blev jeg endelig set og hørt på en ny måde på hospitalet og blev henvist til Afdelingen

127

for lindrende behandling. En afdeling med fokus på opfølgning på senfølger. Jeg havde en veninde med som bisidder til det første møde, fordi jeg på det tidspunkt var så usikker på min evne til at navigere i en rum med flere mennesker, at det gav mig en tryghed ikke at være alene. Jeg havde forberedt et skriv, jeg kunne læse op fra for at være sikker på, at jeg fik sagt alt. Hvordan det føltes at være i mig. Hvor utryg jeg var ved, hvordan mit hoved fungerede eller netop ikke fungerede. Hvor mærkeligt det var. Hvordan min hukommelse var helt ude af funktion. Hvordan tid og sted flød ud i hinanden. At dagen i går kunne føles, som var den for tre måneder siden. Og meget mere. Jeg gjorde mig umage for at få sagt alt ærligt. Det var enormt sårbart for mig. Men jeg havde brug for at være helt nøgen, så jeg kunne bede om en vurdering og et oprigtigt svar. De var et team på tre personer, som lyttede. Jeg spurgte, da jeg havde læst alt op. Er det her indenfor skiven af normalt? Og bliver det nogensinde bedre? Da den ene læge kiggede på mig, fastholdt mine øjne i hendes blik og sagde: "Ja Anne, det er indenfor normalen og ja, jeg *lover dig*, at det bliver bedre." Da knækkede jeg fuldstændig sammen. Det var første gang, jeg følte, at der var nogen som tog det helt seriøst, det jeg mærkede nu. En, som forstod det, og som kunne love mig, at det ville blive bedre.

Faktisk havde jeg på mange måder fået besked om, at jeg var helt ok. Gennem meditationer, budskaber fra guider, andre spirituelle kanaler og personer, som spejlede min spirituelle åbning, havde jeg hørt og fået at vide flere gange, at der ikke var noget i vejen med min hjerne. At det var, fordi jeg havde og stadig hentede så meget ny viden ind. At jeg havde fået tilgang til så meget nyt, at min hjerne bare føltes som om, den ikke fungerede. At min skæve fornemmelse af tid og sted også skyldtes dette. Min styrkede åbning. Fordi min forbindelse gennem rum og tid var forandret. Det føltes rigtigt. Jeg havde selv fornemmet det. Det resonerede med mig, men samtidig havde jeg svært ved at læne mig helt ind i det. Jeg havde brug for tid og min egen fulde accept til at finde min vej i det. Jeg nævnte det derfor heller ikke på hospitalet. Jeg nævnte det faktisk ikke for nogen. Jeg skulle bare være i det. Jeg begyndte at finde en ro i, at jeg ikke behøvede at forklare alt. At jeg ikke behøvede at dele. At det faktisk var helt i orden, at noget bare var mit.

Det at blive oplyst, at have kontakt med min indre stemme og guider, var ikke noget, som bare var blevet det mest naturlige for mig. Jeg var stadig forundret over min kontakt. Og nogle gange tvivlede jeg på rigtigheden. Var det virkelig tilgængeligt for mig? Jeg bar længe på en slags skepsis, der gang på gang prikkede til følelsen af, hvorvidt jeg virkelig var en værdig modtager af den viden, visdom og støtte, som jeg mærkede og oplevede. Det var helt klart en del af min proces, og mens jeg lærte at slippe tvivlen og åbne mig for det uden forbehold, så var det fuldstændigt vidunderligt, at der var en læge, der lovede mig, at det blev bedre. At det var helt normalt. At blive set i dette, lidt mere end et år efter, jeg blev kræftfri.

Mit forløb med den afdeling gjorde en kæmpe forskel for mig. Det var sjovt, som det ligesom blåstemplede min situation for min omverden. Det, at jeg kunne fortælle andre, at jeg nu var tilknyttet der. At der var en læge og en afdeling, der anerkendte min tilstand. At der rent faktisk var en afdeling på hospitalet, som tog sig af nogen som mig. Det, jeg ikke selv havde formået at synliggøre for mine omgivelser, familie og venner. Mit skjulte handicap. At der var en årsag til, at jeg ikke var tilbage på et arbejde. At jeg stadig ikke kunne fungere "normalt". Det blev ligesom legitimeret gennem det. Det forklarede ikke alt om den transformation, jeg havde gennemgået og stadig var midt i. Det opsummerede ikke den spirituelle og den energetiske del af min vej. Men det gav mig mere fred og ro til at arbejde videre i min recovery i alle de lag, hvor jeg havde brug for det.

Det var virkelig spændende og motiverende at opleve et meget anderledes samarbejde med en afdeling, som talte et helt andet sprog, end jeg ellers havde mødt i hospitalssystemet gennem det sidste halvandet år. Jeg oplevede en meget undersøgende og individuel tilgang. Jeg følte, at der var mere plads til at brede samtalerne ud, så de ikke blot bevægede sig i et lag. Det var befriende. Jeg fik opgaver og nye input. Teknikker og inspiration. Jeg havde samtaler hver anden uge. Det var et meget støttende forløb og dejligt at have et sted, hvor jeg på en ny måde kunne se og mærke, om der var fremgang. Et sted, hvor jeg blev spejlet og hjulpet. Hvor jagten på at blive "klar" blev tilpasset et tempo, der gav mening og var sundere for mig. Og som støttede mig på en del af min rejse, hvor jeg fik bedre ro til at mærke det, der kaldte på mig.

Jeg havde haft et håb om, at jeg var ude af mine bivirkninger i starten af 2023. Jeg havde dengang i al optimisme og lidt hemmeligt forestillet mig, at så ville jeg tage til Bali. Jeg ville væk. Jeg havde længe vidst, at der lå en nøgle for mig i at komme væk og udforske den nye, transformerede version af mig selv et helt andet sted. Og hvilket bedre sted end mit elskede Bali. En af mine venner derude havde desuden været et kæmpe heppekor hele vejen igennem. Så at komme ud og kramme ham en stor tak, var blevet et billede på, at så var jeg igennem. Men da tiden kom, var jeg stadig ikke klar. Min hjerne fungerede stadig ikke sikkert. Jeg følte ikke, at jeg kunne tage ansvar for mig selv i udfordrende situationer. Mit lymfødem var lige brudt ud. Jeg gik til scanninger og undersøgelser. Jeg var sårbar og var bare overhovedet ikke klar. Jeg var skuffet, og jeg var ked af det. Men følelsen af at komme væk og mærke den nye Anne et sted, hvor jeg ikke var min historie, men var mig, forsvandt ikke. Den levede og bankede på hele tiden.

Et år senere skete det. Ved årsskiftet besluttede jeg mig for ikke længere at jagte en normal, der var baseret på det, jeg kunne før, men udelukkende at søge det, jeg kunne, ville og mestrede nu. Jeg mærkede, at min hjerne simpelthen fungerede anderledes. At min måde at se ting på var anderledes. Jeg valgte at ændre mit perspektiv. Der var sket store fremskridt på det seneste i forhold til mine kognitive evner og min kapacitet. Og ikke mindst min måde at navigere gennem det på. For det var også en del af accepten. At navigere. At være mig. Og omfavne den, jeg var nu.

"Jeg har brug for at connecte til min krop igen". Jeg havde en følelse af, at jeg skulle tilbage i min krop. Jeg blev ved med at sige det. Høre det. Jeg havde brug for at finde tilbage i min krop. Jeg kunne ikke finde andre ord. Jeg var stadig utryg i min egen kapacitet. Jeg kendte mine begrænsninger, men jeg mærkede også, at jeg havde brug for at være mig et andet sted for at kunne rykke til et nyt niveau. Så jeg kunne blive fri og komme ud af det bur, som jeg på en eller anden måde havde været i gennem de sidste par år. Mit team på hospitalet var enige og støttede op om, at jeg kunne "få ferie" fra forløbet med dem, som del af min recovery. Jeg havde en fornemmelse af, at jeg skulle finde noget der kombinerede yoga, healing og en ceremoniel tilgang til livet. En holistisk og spirituel tilgang. Jeg søgte, men fandt ikke noget der matchede det som kaldte, hverken på indhold, timing eller destination. Det var jo Bali, der kaldte. Jeg fornemmede, at jeg ville føle mig sikker der. Men netop som jeg havde sat jagten lidt på køl, dukkede det helt rigtige op. Selvfølgelig. Jeg blev ledt til en kvinde, som havde en Ayurvedisk Yoga Healer Teacher Training på Bali. Jeg læste beskrivelsen, og alt resonerede med mig. Jeg fornemmede straks, at hun var noget helt særligt. Efter vi havde talt sammen, var jeg fuldstændig sikker på, at det var lige der, jeg skulle ud. Hvis blot jeg kunne komme derud, vidste jeg, at jeg ville blive grebet. Det føltes som en helbredende lagune, der bare ventede på mig. Universet bekræftede det på alle måder. Tegnene stod i kø for at vise mig, at det var vejen. Jeg følte mig hørt, set og forstået. Alle celler i min krop sagde "Ja, det er det, jeg skal". Jeg mærkede ingen tvivl.

Lidt mere end to år efter min diagnose, var jeg tilbage på Bali. Her fandt jeg en ny mentor og læremester, som kom ind i mit liv, fordi jeg var klar til det. Klar til hende. Klar til mig. Nu. Igen guidet, set og mødt. Hjulpet og givet modet til også at sige det højt, som jeg ikke forstod. At sende det ud. Og det var en helbredende lagune. Jeg var så lykkelig over, at der endelig var en, som kunne forstå *hele* min oplevelse. Som intuitivt kunne mærke ind i, hvor jeg var nået til, og som kunne hjælpe mig til at bevæge mig videre. Hun hjalp mig til at se og mærke alt det, der var mig nu. Ikke det, der havde været mig engang.

Jeg havde sagt det gennem lang tid: "Jeg har brug for at connecte til min krop igen". Og nu fik jeg endelig hjælp til at forstå, hvad det egentlig var, som jeg mærkede. At min forbindelse opad havde været så stærk, massiv og tydelig gennem så lang tid, at jeg var ude af min fysiske krop det meste af tiden. Selvom jeg følte mig groundet, når jeg var i naturen og gik mine ture, så manglede jeg stadig en forankring i min fysiske krop. Jeg svævede rundt. Jeg husker, hvordan tårerne trillede, da det gik op for mig, at det var det, jeg havde mærket. Det jeg så længe havde manglet. Den forbindelse. Den forbundenhed. Det gav så meget mening og var afgørende for min videre opdagelse af mig selv.

Få dage efter jeg kom derud, var jeg "tilbage i min krop" og kunne dykke videre ind i en dyb, healende og magisk rejse. En rejse, der gav mig mulighed for at være *mig*. At føle ind i og blive bekræftet i, at jeg var værdig til alt det, som jeg blev vist adgang til. Alt det, som skyllede ind i mig. Alt det, jeg mærkede i alle de lag, jeg er lavet af. Den spejling jeg modtog af alle på min vej. Gennem daglige ceremonier, yoga, læring og nysgerrighed. Jeg mærkede den kraft, som Moder Natur kaldte med. Jeg mærkede den blide favn, som Mama Bali altid har været for mig. Havet, der talte til mig. Kaldte på mig. Jeg var i total tillid til den proces, som dag for dag udfoldede sig som perler på en snor. Måden jeg blomstrede og åbnede mig på. Adgangen til at både give healing og blive healet. De overvældende åbenbaringer, jeg fik. Den dybe forbundethed, jeg oplevede. At blive sat fri. Fri til at være Anne – den jeg var blevet til, og det jeg kunne nu. Jeg blev anerkendt og mødt gennem sparring på et niveau, som jeg aldrig før havde oplevet. Det hele var intet mindre end kraftfuldt og magisk.

Det var naturligvis intenst at være i, og jeg havde ofte brug for ro. Behov for at komme ud og gå en tur. Men også at blande mig i verdenen. Mærke mennesker og udveksle energier. Jeg havde før lagt mærke til, hvordan det at møde andre mennesker kunne give mig energi. Det at smile til et andet menneske og sige hej. Mærke at det giver en positiv energiudveksling. De møder, som pludselig bliver mere end et smil, men en samtale. Korte som længere. De mennesker, som rækker ud til mig. Jeg mærkede en dag, at jeg havde lyst til det, fordi jeg selv var lav på energi. Jeg spurgte ind til, om jeg var grådig. Om jeg "spiste" af andres energi. Svaret jeg fik var helt klart "nej". Jeg flirtede jo bare med verdenen, og verdenen flirtede med mig. Jeg grinede. Det gav jo så meget mening. Så det fortsatte jeg med. Jeg har siden delt dette med andre og opfordret til at gøre det samme. At gå ud og flirte med verdenen. Det er så skønt at møde dagen med den tanke og intention.

Jeg bar mig selv med fornyet styrke. Jeg trådte ud af de rammer, jeg så længe havde lænet mig ind i, fordi jeg ikke kunne cykle uden støttehjul, men nu tog jeg dem af. Væltede jeg? Ja. Men jeg måtte lære at gå med det, jeg kunne. Måden jeg kunne det på. Jeg skulle finde en ny balance. Det var overvældende og følsomt. Jeg tog mig selv i nogle gange at træffe beslutninger, som var baseret på det, jeg havde lært, at jeg kunne. Det jeg havde gjort for at være sikker. Nu prøvede jeg at træffe valg ud fra det, jeg havde lyst til. Det, jeg evnede nu. Jeg lænede mig ind i den balance, jeg mærkede komme tilbage. Og lænede mig ind i de ubalancer, som jeg også mærkede. Jeg blev mindre usikker dag for dag. Som om min hjerne, min krop, mit væsen, udvidede sin horisont gradvist, efterhånden som jeg tillod det. Nu betrådte jeg nye veje med nysgerrighed og en glæde over, at jeg kunne.

Jeg blev en måned mere på Bali, da jeg var færdig med yogauddannelsen og skulle forlade min "healing lagoon". Jeg mærkede, at jeg var tydeligt forandret. Det var sårbart. Jeg var også lidt forvirret. Det føltes lidt som at lære at gå igen. At mærke efter, hvad jeg reelt mente nu, og ikke hvad jeg havde vænnet mig til at mene. Jeg begyndte at give plads til mere og ikke længere dosere bevidst, som jeg havde vænnet mig til. Jeg fornemmede, at transformationen var ved at være total. Jeg var i accept af mere, men stadig lidt på opdagelse. Jeg gjorde faktisk mange opdagelser, som viste mig, at der vitterligt var lavet om i mig. Et sjovt eksempel var, at jeg altid kun havde surfet med højre fod forrest, som værende mit dominerende ben. Nu havde jeg pludselig helt naturligt og udelukkende venstre fod forrest. Der var mange sjove forandringer som denne, der for mig blev små vidnesbyrd om de meget større forandringer i mig, som jeg dag for dag blev mere tryg i. Jeg vidste, at jeg for alvor var ved at finde hjem. Hjem i mig.

Tilbage i Danmark bad jeg om at stoppe med forløbet på Rigshospitalet. De havde hjulpet mig så langt, som de kunne. Og jeg var, og er stadig, dybt taknemmelig for den vej gennem mine senfølger, som de havde været med til at give mig. Den udvikling, jeg havde gennemgået i deres forløb, var en helt uundværlig del af min transformation. Men jeg vidste også, at det nu var tid til at stå helt på egne ben, og at det havde en betydning for mig at komme væk fra hospitalet. Jeg signalerede til mig selv, at jeg var klar.

Det var rart at komme hjem og mærke mig der igen, men også udfordrende. Jeg bar på mange sandheder og nye opdagelser. Jeg var stadig i gang med at folde vingerne ud. De næste måneder var præget af at slippe det sidste af alt det gamle, som jeg ikke længere kunne bære. Skulle bære. Bånd, der ikke var holdbare længere. Relationer, der blev styrket og andre, der skulle slippes. Jeg havde fokus på at stå solidt i mig selv med de ben, de rødder og den balance, som jeg mærkede forplante sig.

Jeg følte mig kaldet til at mærke ind i, hvordan det var at være mig nu. Omfavne det, jeg mærkede som min vej. Sikre mig, at jeg ikke holdt fast i noget, der forbandt mig negativt. At jeg slap alt det, jeg skulle slippe, i tillid til, at det ville flyde, som det skulle – den vej, det måtte.

Og i denne proces fandt jeg frem til et mig, hvor jeg ikke længere var i recovery. Jeg var i mig. Som mig. Afklaret og i tillid til det, som jeg skulle nu. Og i september tog jeg tilbage til Bali. For at skrive min bog. Denne bog.

KAPITEL 13

GÅ DEN VEJ, DER KALDER

Det var en stille sommermorgen. Jeg sad på skrænten ved sommerhuset og sagde min morgenbøn. Og pludselig sagde jeg højt tak til Gud for at have reddet mit liv. Det kom bare ud af min mund, som var det en fast del af min bøn. Jeg blev helt overrasket, samtidig med at det føltes som det mest naturlige. Det var som om der pludselig var åbnet op til at rumme den følelse. Den taknemmelighed. Nu jeg var nået hertil, huskede jeg tilbage på hvor det startede. Jeg havde hele tiden vidst, at jeg ikke skulle dø. Og årsagen til det var, at jeg var blevet reddet. I første omgang gennem min egen healingsrejse, men i særdeleshed gennem den healing, som jeg ikke kunne klare selv. Hvor jeg havde oplevet guddommelig hjælp. Jeg så hvordan min rejse havde ført mig dertil – og nu hertil. Og jeg mærkede en taknemmelighed, som bredte sig som en varme gennem hele min krop. Hele mit væsen.

Jeg var stadig forundret over, hvordan det sidste halve år havde udspillet sig. Jeg var stadig midt i min historie, men mærkede tydeligt den fortælling, jeg havde lyst til at dele. Jeg ville dele, hvordan min spirituelle rejse havde reddet mig på flere planer. For jeg kunne slet ikke forestille mig at komme igennem uden det fundament af lys og kærlighed, som jeg havde fået, inden jeg blev syg. Jeg havde lidt modstand på at fortælle om mine spirituelle oplevelser gennem mit sygdomsforløb. Jeg frygtede, at det ville blive for tungt for andre at gå ind i. Men det var vigtigt for mig at dele min sandhed. Og det var jo min sandhed, at min krise opstod, da jeg fik min kræftdiagnose. Det blev netop i min kamp for at blive fri af kræften, at alt det jeg havde lært inden blev så tydeligt. Hvor jeg fandt særlig støtte i min forbindelse til universet, Gud, kærligheden. En forbindelse, der kun blev styrket og blev mere nærværende gennem krisen. Det var oplevelsen af at gå i opløsning, der sendte mig i et dybt knæfald. Og der, helt i knæ, helt tyndslidt og uden at gøre modstand – dér blev det en åbning på en måde, som jeg ikke havde oplevet det før. Som brød igennem alt det velkendte og førte mig mod ukendte vande, hvor jeg følte mig bemærkelsesværdigt hjemme.

Min vej til en spirituel opvågning havde ført mig gennem healing af gamle sorgfulde oplevelser, som boede i min krop. Healing der var nødvendig for, at jeg kunne åbne op til mere. Healing der var nødvendig, så jeg ikke skulle miste livet, men i stedet kunne rejse mig med nye vinger og flyve højere end jeg havde drømt om. Men vejen, jeg blev sat på, var hård og til tider ubarmhjertig.

Jeg husker, at jeg kiggede på mig selv i spejlet, da jeg var erklæret kræftfri og al behandling var slut. Jeg kunne se det i mine øjne. Jeg så det, jeg havde været igennem, kigge tilbage på mig fra mit inderste. Ligesom min krop på flere måder viste mig det, så kunne jeg også se smerten i mit ansigt. I de rynker og dybe folder, der var kommet markant flere af på kort tid. Jeg kunne se, hvordan mit ansigt havde vredet sig i gråd og smerte. Jeg genkendte landskabet. Jeg var klar over, at det var en del af min recovery at tage hånd om dette. Men det var hårdt at opleve, hvordan jeg kunne se smerten. I dag ser jeg slet ikke det samme. Det er forløst. Rynkerne er ikke væk, men de har fået et blidere udtryk. Jeg ser ikke længere smerten.

At være "i mig" i dag er noget helt andet end før. Jeg er mig, som jeg er nu. Jeg har stadig nogle fysiske senfølger, som sandsynligvis vil være en del af mig resten af mit liv. Jeg kalder dem kærligt for skavanker og favner dem alle, som en del af mig. På alle planer har jeg set forandringer. Jeg har bemærket og anerkendt forskellene. Jeg har oplevet, at nogle ting, som var nemme for mig før, ikke er det mere. Nu er der andre ting, jeg mestrer. Jeg har fået nye kompetencer og nye måder at lære og være på. Jeg er transformeret.

Hele mit væsen var igennem en livskrise og selvfølgelig giver det ar. Det var traumatisk. Der skete alt for meget på én gang, og alle mine lag blev mærket på hver deres måde. Jeg bærer hele mit liv med mig med alle de oplevelser, følelser og åbenbaringer, der udgør mig. Og med alt det, netop med alt det, føler jeg mig i dag mere hel end nogensinde. Jeg står stærkere end nogensinde i den, jeg er. Jeg er dybt taknemmelig for, hvor meget jeg har været i stand til at heale på. Det føles dejligt, at give mig selv kærlighed. Hele mig selv. Inklusive skavankerne. Inklusive der, hvor det gør ondt og de ar, som er. Det er alt sammen værd at blive elsket. For når vi healer på sorg og smerte, bliver det ikke slettet. Det får os ikke til at glemme det. Men gennem at møde det bevidst finder vi en vej til at forstå og tilgive, som giver os muligheden for at vokse og bevæge energien. Deri ligger healingen.

Jeg måtte igennem en fuldstændig opløsning af mit jeg, så jeg kunne træde ind i min transformation. Jeg opnåede den dybeste forståelse af min kærlighed til mig selv. Jeg lærte at give slip med en overgivelse, jeg først nu forstod betydningen af. Og da jeg gav slip på mit gamle jeg, fandt jeg endelig vejen hjem.

Jeg har lært at lytte til, hvad der er sundt for mig. Jeg går med det, som kalder på mig, uden at søge bekræftelse fra andre. Jeg oplever masser af tvivl og frustration, men min håndtering af det, er rolig og undersøgende. Hvis jeg alligevel går forkert, for selvfølgelig sker det, så får jeg det vist så tydeligt fysisk, energetisk og spirituelt. Og når jeg mærker, at noget ikke er i balance, så stopper jeg op. Så venter jeg, til det giver mening. Jeg venter med at gå videre. Venter med at træffe en endelig beslutning.

Jeg ved, hvor vigtigt det er at gå med lyset. Hvor nemt det i virkeligheden er. Det handler om at vælge det bevidst. Og på et tidspunkt bliver det mere et naturligt flow end bevidste handlinger. Jeg lader mig ikke suge ned i ting, der ikke er betydningsfulde. Jeg siger fra over for det, der ikke stemmer overens med den energi, jeg ønsker at være i. Men vigtigst af alt, så er jeg min sandhed. Jeg deler min sandhed. Jeg er den, jeg er.

Og jeg er blevet moden til at dele. Jeg er nået et sted, hvor jeg kan gøre det med både kærlighed, autenticitet og legitimitet. Jeg er nemlig blevet en gammel, vis kvinde, der har fået indsigt og erfaring. Jeg mærker og føler på et niveau, jeg ikke troede, var mig forundt. Jeg har fået adgang til en dyb visdom. Og jeg ser perlerne på snoren. Hvordan visdommen langsomt er blevet akkumuleret, og hvordan jeg langsomt er har åbnet op til den. Jeg ved i dag, at jeg skal dele ud af alt det, som er mig forundt at række ind i. Jeg er blevet vist, at jeg ikke blot må og kan, men at jeg er klar. Det har jeg taget imod ydmygt og i taknemmelighed.

Jeg kan stadig opleve, at den gamle tvivl kradser på døren inde bagved. Den tvivl, som både synes det er virkelig fedt, at jeg står ved det, men som samtidig prikker mig på skulderen og spørger, om det nu også er helt rigtigt. Det får mig til at smile, for det er nemlig helt rigtigt.

Min spirituelle rejse havde på flere planer forberedt mig på det, jeg skulle igennem, da min verden, som jeg kendte den, forsvandt på et øjeblik og aldrig blev den samme igen. Men forberedelsen kunne ikke fjerne udfordringerne. Jeg fandt dog en ro i tilliden til, at jeg var på min rette vej. At alt ville blive godt. Jeg holdt fast i lyset. Også gennem de mørke stunder, smerte og fortvivlelse. Jeg vil for evigt være taknemmelig for, at jeg kunne komme igennem et så brutalt overgreb på mit liv og stadig bevare lyset i mig. Det lys, som jeg holdt fast i undervejs, og som nu skinner stærkere end nogensinde. Det var en gave, jeg havde givet mig selv ved at gå den vej, der kaldte på mig. Inden.

Jeg vidste ikke, da min spirituelle nysgerrighed begyndte at spire, hvor det ville tage mig hen. Jeg havde ingen ide om at min rejse mod en spirituel åbning og ønsket om at mærke kontakt til det guddommelige, ville sætte mig på en healingsrejse, som jeg egentlig ikke havde ønsket. Jeg ville jo "bare" gerne forbinde mig med energierne, den åndelige tilstedeværelse. Det univers, som jeg blev kaldt til og var nysgerrig på. Men det blev en healingsrejse, som reddede mig. Samtidig med at den gav mig en åbning og en forbindelse, som har bragt mig lys, kærlighed og visdom.

Jeg lærte før, jeg lærte undervejs, og jeg lærer stadig. Min spirituelle rejse ender ikke her. Den ender aldrig. Men jeg jagter ikke længere et outcome. Jeg jagter ikke længere min skæbne. Det slap jeg endeligt den dag på stranden. Det var dér, jeg forstod. Der, hvor jeg blev bragt til et sted, hvor alt var let og lyst. En følelse af frihed. Den totale frihed.

Det er min historie, som jeg oplevede den. Min sandhed, fortalt med autenticitet, ærlighed og sårbarhed.

Gennem mit eget forløb, min egen åbenhed og ikke mindst mens denne bog er blevet til, har jeg gang på gang oplevet den åbning, der er i at dele sårbart. At være sårbar. At min fortælling har åbnet op til andres sårbarhed. Nysgerrighed. Andres historie. Andres tilgang til egen krop. Andres spirituelle oplevelser. Jeg er meget taknemmelig over at opleve alle de smukke møder, der opstår deraf. De samtaler, som det bringer med sig. At jeg kan gøre en forskel for andre ved at dele ud af det, jeg kender nu.

Jeg håber at inspirere andre til at følge deres indre stemme. Skabe nysgerrighed på en mere spirituel tilgang til livet. Også at det måske har fået et nyt perspektiv. En bevidsthed om at spiritualitet eller en spirituel rejse ikke kun handler om at forbinde sig opad. At det i ligeså høj grad handler om at forbinde sig indad og nedad. Om at skabe og være i kontakt med hele dit væsen.

Jeg oplever, at det for nogen er et lidt stort spring, at sætte ud på "en spirituel rejse". For vi kender jo ikke vejen, og hvor den vil føre hen. Og den er ikke ens for alle. Det er en rejse uden en destination, men det er også en rejse uden krav og med egen vilje. Og dermed også med mulighed for at stoppe op og holde pause. Så i stedet for at tage tilløb til en rejse, så vær nysgerrig og tag et skridt i den retning, som kalder, og se hvordan det er. Det behøver ikke være stort. Små nysgerrige opdagelser kan være din vej – og få skridt kan være det, du er kaldet til. Det kan folde sig ud på så mange måder, men du kan ikke tænke dig til det.

Det kan være en øget bevidsthed om at åbne op for en daglig positiv energi. At være med til at skabe den. Hvordan vi vælger at møde livet. Hvordan vi kan hjælpe os selv til at være mere hele. At mærke ind og være i balance. Forbinde os dybere til os selv. At skabe små daglige vaner, som løfter energien. Og når vi er i en positiv energi i vores eget indre landskab, påvirker det også landskabet omkring os – og dermed, hvordan livet folder sig ud.

Vi kan udvide vores referenceramme og skabe nye, sunde værktøjet at række ud efter. Vi kan gøre det nemmere at vælge kærlighed frem for frygt. At se lyset, når der er mørke. At elske os selv. Og at lytte. Lytte til alle lagene kroppen. Forstå det, vi mærker i kroppen. Skabe et energiflow, som er sundt at være i og derigennem påvirke, hvordan vi har det. Være åben for de muligheder, som universet åbner op for. Skabe et rum for ro og fred, selv når der er larm og uro omkring os. Have et lys, som vi kan læne os ind i, når vi har brug for det.

Når jeg taler med andre om det på den måde, så oplever jeg, at det er svært at stritte imod og nemt at være nysgerrig.

Da livet bankede på min dør, havde jeg et lys at læne mig ind i, fordi jeg havde gået min vej. Jeg håber, at min sandhed har rørt noget i dig. Og at du mærker tillid til at gå den vej, der kalder på dig. Din vej. Et skridt ad gangen.

TAK for at være med på min rejse.
I lys og kærlighed
Anne

HJERTETS VISDOM

En spirituel bevidsthed. Mit spirituelle fundament forærede mig et sted at være i ro, da min verden smuldrede. Noget at læne mig ind i. Et ordforråd og et univers, der kunne holde mig i lyset.

Sårbarhed er en vigtig brobygger. Vær åben og sårbar i dit møde med verden. Når vi er det, opstår der relationer, møder og spejlinger, som finder sin vej netop derfor.

Vær dig selv. Vær ærlig mod dig selv. Vær ærlig om dig selv. Vær autentisk, også når det er sårbart, samtidig med at du sætter sunde grænser. Du behøver ikke at dele alt for at være tro mod dig selv.

Healing er en del af vejen. Vejen til at åbne op spirituelt går også gennem healing. Husk, at du ikke kender din vej. Hav tillid til, at du bliver guidet, et skridt ad gangen.

Giv slip. Det, du ikke kan og skal styre, skal du slippe. Bare slip... det meste. "Surrender and then surrender more". Det bliver nemmere, for hver gang du prøver.

Det må godt være svært. Når du tør være åben om det svære, vil du mærke og høre den hjælp, der er tilgængelig. At bede om hjælp til at finde en vej gennem det, der gør ondt, er også at drage omsorg for sin sjæl.

Hvor der er lys, kan der være mørke. I livets harmoni er der både lys og mørke. Det er en naturlig del af vejen også at mærke ind i mørket. Du bliver ikke slugt. Der kan være mørke, hvor der er lys. Og du kan altid vælge lyset, hvor der er mørke.

Skab daglige ritualer. Forbind dig dagligt til dit lys og din tillid til universet. Daglige positive tiltag og selvkærlig opmærksomhed vil løfte din energi og give næring til dit lys.

Bed om det du har brug for. Bed om at få den viden du har brug for. Tak for, at du får det, du har brug for. Og vær åben for, at du ikke altid selv ved, hvad du har brug for.

Taknemmelighed. Løft blikket. Mød, mærk og se hver dag med et åbent sind og en kærlig nysgerrighed. Tak både andre og dig selv for de møder, spejlinger og farver, du oplever. Taknemmelighed skaber en positiv energi, som spejles i og omkring dig.

Giv dig selv kærlighed. Selvkærlighed er vigtig næring for dig. Vær bevidst om, at du elsker dig. Mærk, at du lever for dig. Tal pænt til dig selv. Hver dag. Altid.

Mærk, hvad der er rigtigt for dig. Lyt til de klare svar. Vent på de klare svar. Stol på den følelse, som hele din krop giver dig. Hele dit væsen.

Vælg i kærlighed. Og tilgiv dig selv, at det ikke altid er så nemt at slippe frygten. Nogle gange skal vi lære mere for at kunne vælge i kærlighed. Se det, mærk ind i det, sæt ord på og tilgiv.

Intet er tilfældigt. Vækst sker ofte, uden at vi ser det. Uden at vi er bevidste om det. Universet bringer dig læring, som perler på en snor, der giver dig tilgængelige værktøjer, når du har brug for det.

Lær dit sprog. Vær åben for det, du bliver vist, hører og mærker. Opdag, hvordan sproget er for dig. Bliv ved med at se de engle, som er på din vej, og mærk alt det, du ikke kan se. Det er dit sprog, som kun du kan lære at kende.

Find din vej. Der er ingen bestemt vej at gå og ingen fast længde på rejsen. Og der er ingen regler om "at blive ved". Du får det, som du er klar til. Vær nysgerrig.

Den spirituelle krop. Vi er hele væsener. Og alle lag af kroppen er en del af at være spirituel. Spiritualitet er ikke kun op. Det er også forbindelsen til det indre og den dybe forankring nedad. Alt er forbundet.

Der er ingen fejl. Tilgiv dig selv for de valg, du havde gjort anderledes i dag. Du gjorde det bedste du kunne, med de mønstre du bar i dig. Du fik en ny læring med dig. Der er ingen fejl.

Alle relationer er læremestre. Når du vokser, vokser andre også. Samtidig med at du lærer, er du også en andens læremester. Ikke alle relationer skal vare for evigt. Vi er alle på vej.

Den dybe tillid. Hav tillid til, at universet bliver ved med at støtte dig, også når du er i knæ. Hav tillid til at processen er lige som den skal være. Hav tillid.

Flirt med verdenen. Så flirter den med dig.

Find og værn om dit indre lys. Så har du altid et sted, du kan læne dig ind i for ro og kærlighed, når livet banker på døren.

TAK

Jeg har meget at være taknemmelig for. Mange, jeg kan takke.

Jeg har ikke delt så meget her i bogen om al den hjælp, jeg fik fra familie og venner under min sygdom. Alle de kærlighedserklæringer, som blev vist mig på så mange måder. Al den hjælp og støtte, jeg modtog. Alle de kærlige ord og sårbare samtaler, der blev åbnet op for. Det gør dem ikke mindre vigtige. Og det gør mig ikke mindre taknemmelig.

Tak til ALLE jer, som hjalp mig gennem min livskrise, min sygdom, behandling og recovery. Før, under og efter. I ved forhåbentlig hver og én, hvor taknemmelig jeg er. Alle, som har været en del af min rejse.

Jeg er blevet berørt af så mange mennesker på min vej. Både dem, jeg kender, og dem, jeg ikke kender. Mennesker, der dukkede op og kom på besøg i mit liv for at lære mig noget. Mentorer og læremestre, som jeg kender på afstand, men føler mig tæt forbundet med. Historier og sjæle, der har sat deres vigtige aftryk.

171

Tak til jer, der gik med mig, og til jer, der forsvandt. Før, under og efter. Tak for jeres aftryk, og alt det, I har lært mig.

Tak til jer, som er mit jordiske fundament af kærlighed, samhørighed og nærvær. Jeg er heldig og dybt taknemmelig for at mærke så meget kærlighed omkring mig.

TAK til min familie. Alle mine børn. Venner. Kærlige sjæle. Favne, terapeuter, healere og hjælpere. Læremestre, mentorer og inspiratorer. Mine guider og beskyttere.

Tak til mine teams på Rigshospitalet, Bispebjerg og Center for Kræft og Sundhed.

En særlig tak til min Bali og Lembongan-familie. De særlige sjæle, der kom forbi, mens jeg skrev bogen, og spejlede min intention. Mama Bali, der igen favnede mig med dybe og nærende energier.

Af hjertet tak
I lys og kærlighed
Anne

OM FORFATTEREN

Anne Jeppesen (født 1973 i Danmark) har gennem de sidste ti år været på en personlig rejse gennem spirituelle opdagelser, healing og værktøjer. Gennem denne proces har hun fordybet sig i arbejdet med at bearbejde uforløste følelser og energier og skabe balance mellem krop og sjæl. Hendes rejse har givet hende værdifulde indsigter, som hun i dag bruger til at guide og inspirere andre.

Da Anne i 2021 blev ramt af brystkræft, var det tydeligt for hende, at det var den mangeårige spirituelle rejse, der havde gjort hende klar til at navigere gennem denne krise med sit indre lys i behold. Denne erfaring blev til hendes bog, *"Da livet bankede på"*, hvor hun ærligt deler sin historie og sine oplevelser.

Anne håber, at bogen kan vække nysgerrighed og mod hos andre til at udforske en spirituel vej. Hun ønsker at inspirere til at finde sit indre lys og lytte til sin indre stemme. Til at være åben for det som kalder og have tillid til at tage det første skridt.

Ved siden af sit virke som forfatter og inspirator arbejder Anne som spirituel guide og healer.